PENSÉES & RÉFLEXIONS

d'une Mère !

OUVRAGE EN 2 PARTIES

La 1re traite : de l'enfant de quelques jours à trois ans et plus.

La 2e traite : de l'enfant de six ans au jeune homme et à la jeune fille de vingt ans.

ET PLUS

DICTÉES MÉDIANIMIQUES

REÇUES PAR

Mademoiselle Ambroisine DAYT

PRIX : 0 fr. 80

Vendu au bénéfice de la Crèche, place Croix-Rousse, 5

LYON
ASSOCIATION TYPOGRAPHIQUE
F. PLAN, rue de la Barre, 12.

1905

AUTRES DICTÉES MÉDIANIMIQUES

Mademoiselle Ambroisine DAYT

———— ▶•◀ ————

Code humain basé sur le Décret national de 1789, mis à la portée de toute intelligence et formant une des bases de l'enseignement primaire des filles et des garçons, Lyon, Janvier 1903, prix . . . . **10** cent.

Argumentation ayant en vue d'éclairer tout être sur des besoins indéniables déniés à la femme depuis l'apparition de l'homme sur la terre, Lyon, Janvier 1903, prix . . . . **5** cent.

SOUS PRESSE

Réflexions de deux savants de l'espace qui viennent à titre de réparation démolir le passé échaffaudé par l'orgueil.

———— ▶▶▶✕◀◀◀ ————

PENSÉES & RÉFLEXIONS

d'une Mère !

><

OUVRAGE EN 2 PARTIES

La 1re traite : **de l'enfant de quelques jours à trois ans et plus.**

La 2e traite : **de l'enfant de six ans au jeune homme et à la jeune fille de vingt ans.**

ET PLUS

DICTÉES MÉDIANIMIQUES

REÇUES PAR

Mademoiselle Ambroisine DAYT

PRIX :

LYON

ASSOCIATION TYPOGRAPHIQUE

F. Plan, rue de la Barre, 12.

1905

AUTRES DICTÉES MÉDIANIMIQUES

REÇUES PAR

Mademoiselle Ambroisine DAYT

------>-<------

Code humain basé sur le Décret national de 1789, mis
à la portée de toute intelligence et formant une des
bases de l'enseignement primaire des filles et des
garçons, Lyon, Janvier 1903, prix............ **10 cent.**

Argumentation ayant en vue d'éclairer tout être sur
des besoins indéniables déniés à la femme depuis
l'apparition de l'homme sur la terre, Lyon, Janvier 1903,
prix.. **5 cent.**

SOUS PRESSE

Réflexions de deux savants de l'espace qui viennent
à titre de réparation démolir le passé échaffaudé par
l'orgueil.

------>>>X<<<------

PENSÉES & RÉFLEXIONS

d'une Mère !

><×—

OUVRAGE EN 2 PARTIES

La 1ʳᵉ traite : **de l'enfant de quelques jours à trois ans et plus.**

La 2ᵉ traite : **de l'enfant de six ans au jeune homme et à la jeune fille de vingt ans.**

ET PLUS

DICTÉES MÉDIANIMIQUES

REÇUES PAR

Mademoiselle Ambroisine DAYT

—>•<—

PRIX :

—ooרוxoo—

LYON

ASSOCIATION TYPOGRAPHIQUE

F. PLAN, rue de la Barre, 12.

—

1905

PREMIÈRE PARTIE

Je suis maman, et tout autour de moi j'ai réuni sept petits enfants, que mes voisines les travailleuses m'ont confiés en me disant : « Vous avez « deux enfants à soigner, et tous vos soins sont « pour eux! Les nôtres, les fils des travailleurs, « n'auront-ils rien du pain d'amour que vous don- « nez aux vôtres? Pour soigner vos enfants, vous « avez trois et quatre heures bien libres! Permet- « tez-nous de vous apporter les nôtres! Nous « sommes quatre et nous en avons cinq de l'âge « des vôtres. Acceptez notre prière. »

Mon âme n'a pu repousser ce tendre appel, et par ce fait, me voilà pour quatre bonnes heures entourée de mes charmants bébés. Je vous les nomme :

Allan est mon dernier né, il a 15 mois! Marie-Ange est mon premier, elle en a 27. Marie est une belle petite fille qui aime son petit frère de toute son âme! Leurs compagnons, leurs petits frères et sœurs, sont Georgette et Lucien, ils ont 18 mois; Maurice et Lucette en ont 20, et Pierre 29. Je vous ferai les récits d'amour dont parfois je suis l'heureux témoin. J'aime tant mes bébés, qu'à toutes les mères je souhaite mon bonheur. Celles qui m'ont dit : Aimez nos enfants! Soignez-les avec les vôtres ! m'ont dit encore : Donnez-leur vos doux enseignements ! ils nous les apprendront !

Cela a fait dans mon âme un rayon de lumière, et je me suis dit : Je ferai part égale à leurs enfants et aux miens, et je demanderai pour elles tout ce que j'aspirerais pour les miens, s'ils avaient leur âge, et, mue par ce sentiment, j'ai dit : « *Toi !*
« *O Père de l'Univers, qui répands l'amour à*
« *pleines mains sur toute création, développe en*
« *mon cœur tous les tendres sentiments de l'amour,*
« *du devoir, du droit !* Car tout s'enchaîne en ta
« loi sainte, et celui qui la scrute trouve la vie !...
« Apprends-moi à parler à mon bébé de 15 mois !
« Depuis sa naissance, je lui parle de Toi en mon
« sourire, en mon baiser, en ma parole ! Puisqu'il
« sait dire : papa ! maman ! Apprends-moi à lui
« apprendre ce doux mot : *Céleste !* »

Et j'ai prêté l'oreille aux douces voix qui me parlent, et elles m'ont dit : Que tous, aujourd'hui, apprennent ce mot : *Céleste !* Tu verras !

Dans mes bras, j'ai pris mon Allan ! un beau garçon, je vous jure ! tout fait de doux sourires et de doux bégaiements ! il m'a dit du coup : Céleste ! et dans un regard d'amour, il a dit ! *Maman céleste !* Non, lui ai-je dit : *Papa céleste !*

Il m'a regardé tristement et a dit : *Papa ! céleste !*

Un bon baiser a couronné son effort, et tout victorieux, il a redit : *Pa pa pa pa céleste !*

Avec lui, en riant, à l'envi, tous ont dit : *Papa céleste !*

Voilà mon doux mot su et bien compris, car, du

geste, du regard, je leur ai montré le ciel, qu'un regard d'enfant aime à contempler, tout aussi bien qu'un regard d'homme, en sa reconnaissance!

O splendeur de la Nature! ton langage parle à toute âme! Parle à nous, les tout petits! *les mères et les enfants!*

22 avril.

Mon cœur déborde en sa reconnaissance, et j'ai dit: O mon Dieu! comment les en pénétrer!

Les douces voix d'amour qui me parlent m'ont dit: Apprends-leur un mot nouveau: *Donne!*

Pour le leur apprendre, dans la main de mon Allan j'ai mis un beau poupon, que sa sœur Marie, un ange d'amour et de grâce, aime à caresser, habiller, déshabiller... avec lequel elle cause comme avec son petit frère.

Allan a caressé le poupon, l'a bercé dans ses bras tout comme le fait sa sœur, et quand elle lui a dit: *donne!* il le lui a rendu, après l'avoir baisé.

A chacun de mes bébés j'ai donné le poupon, et chacun d'eux l'a bercé, caressé, et quand Marie a dit: *Donne!* chacun l'a rendu en le baisant.

Voilà donc le mot *Donne!* bien su, car pendant trois minutes, sans que je demande rien, chaque bébé a dit: *Donne!... Papa céleste, donne!*

Si vous aviez été présents, vous auriez été charmés d'entendre ce doux ramage: .....donne!..... donne!

Alors, je me suis mise à chanter tout doucement,

bien doucement : *Papa céleste*, donne à papas, à mamans spirituels et terrestres !

Eux étonnés ont écouté le nouveau mot : *terrestre* et ils l'ont dit.

Subitement inspirée, j'ai dit en levant les yeux : *Céleste ! spirituel* et en les baissant, j'ai dit : *terrestre !*

Ils ont si bien compris, que maintenant, à qui mieux mieux, ils disent, en levant leurs petites mains collées l'une à l'autre, et les yeux levés au ciel : *Papa céleste !* donne à papas et à mamans *spirituels !* et quand ils disent : *terrestres !* ils baissent la tête.

Là s'est borné notre effort aujourd'hui.

A les entendre dans leur doux langage bégayer leurs doux mots, on croirait entendre des petits dans un nid.

Il est bien doux mon nid d'amour ! Lorsque vous entendrez les sons qui s'en échappent, vous penserez comme moi à ce Père divin, qui donne à tout ce qui respire une hymne de reconnaissance, un chant d'amour ! Langage d'amour, langage divin, que l'homme oublie quand il oublie Dieu et les douces visions de ses premiers ans, où pour lui, *en sa mère et en Dieu*, il trouva tout : *Bonheur et direction !*

25 avril.

Maintenant, il faut leur apprendre le mot *pain !* dirent mes douces voix. Prends un morceau de pain, et dis à Marie : Qu'est-ce que cela ?

— O maman! c'est du bon pain! donne à moi!

— Tu le sais, ma fille, *quand on veut pour soi, il faut demander pour tous.*

— C'est vrai, dit l'enfant, et montrant le pain que j'avais à la main, elle dit, en levant ses petites mains : *Papa céleste,* donne à petits frères et à petites sœurs du bon pain comme à moi.

Allan la regardait! tous la regardaient! Maurice, Pierre, Lucette, disaient : A nous! à nous! et au Ciel levant les yeux et tendant leurs mains, ils disaient : *Papa céleste,* donne à tous le bon pain! pain! pain!

Les tout petits, et Allan en tête, disaient en leur babil charmant : *Papa céleste,* donne! donne! pain, pain! et ils tendaient leurs petites mains pour recevoir.

Sur mon regard, Marie comprit! elle prit le pain et en mit dans chacune de ces petites mains tendues.

Alors tous, à qui mieux mieux, disaient : *Papa céleste,* donne, donne! pain terrestre! et d'eux-mêmes, en disant : *céleste!* ils levaient les yeux au Ciel! et en disant: *terrestre!* ils baissaient la tête, en montrant leur petit morceau de pain.

Tous connaissent ce qu'est le pain. Ils savent *le pain terrestre!* il s'agit de leur faire connaître *le pain céleste.*

Marie comprenait que je cherchais! elle sentait ma pensée, et elle dit : Maman! *baiser! pain céleste!* et en disant cela, de ses deux petites mains, elle envoyait des baisers au Ciel.

Allan l'écoutait ravi! il dit, en baisant bien des

fois sa main : pain ! *pain céleste !* et en disant :
pain terrestre, il montrait son petit morceau de
pain. Et voilà que chacun d'eux dit en son baiser :
pain ! *pain céleste !* et en montrant sa petite croûte,
dit : *pain terrestre !*

Il n'en est point aujourd'hui qui ne comprenne
la signification du mot : *Pain céleste ! pain terrestre !*

Voilà donc le *baiser* pour *pain céleste !* pour *pain
du cœur !*

« O Père saint ! permets que le tendre baiser ma-
« ternel soit toujours pour l'enfant sa joie d'amour
« au cœur.

« Permets qu'avec sa mère il apprenne à connaître,
« il apprenne à aimer pour doux bonheurs célestes
« et terrestres les douceurs familiales et l'amour
« du devoir.

« O mon Dieu ! que ta sainte volonté s'accom-
« plisse ! »

27 avril.

Allan n'a pas été sage ! Ne lui en voulez pas ! Il
faut bien qu'il ne le soit pas, pour que maman
connaisse ce qu'elle a besoin de connaître.

— Connaître quoi ? vous dites-vous.

— Connaître quoi ! Mais ses faiblesses ou même
ses vices. Croyez-vous qu'il en soit exempt !

— Oh ! si petit ! si beau ! si gentil ! Tout sourire
et doux balbutiements ! Quel mal voulez-vous bien
que l'on trouve en lui ?

Si vous doutez, écoutez ; car voilà mon Allan bien
en révolte avec la loi d'amour ! voyez-le à l'instant
avec moi. Point de chant au réveil !

Mon bébé ! mon Allan ! tu ne chantes pas !

Lui !. voyez-le... il fuit mon regard.

Allan ! mon Allan ! fais baiser à ta mère !

Il reste muet !

Allons, mon Allan ! ton petit potage... il est bien
doux... mange !

Il se retire.

Mon Allan ! et ton beau petit Ange !

Il se détourne encore.

Alors je le prends dans mes bras.

L'enfant confus baisse la tête.

Bien haut je l'élève en priant, en disant : « O
« Père céleste, donne à nous, pères et mères spiri-
« tuels et terrestres, pain d'amour pour ce petit ! »

Il lève les yeux ! Pain d'amour ! dit-il... et il
pleure ! et dans mon sein il cache sa tête.

— Pain d'amour ! dis-je. Qu'est-ce que le pain
d'amour ?

Il lève les yeux et dit : Papa céleste ! donne !
donne ! pain d'amour ! et sur ses mains il met un
baiser.

— A qui le baiser ?

— A Papa céleste !

— Et puis ?

— A papa et à maman spirituels !

— Où sont-ils ?

— Il lève les yeux et dit Père céleste ! papa,
maman spirituels.

— Et puis ?

Papa, maman terrestres !... et il baisse les yeux, enveloppe mon cou de ses petits bras et met ses lèvres sur mes joues ! Il était vaincu.

— Comment dites-vous, il n'a pas eu de révolte !

— Il a eu celle-ci :

Habituellement, son réveil est un réveil d'amour ! Aujourd'hui il n'a point eu de chant.

Habituellement, sa première parole est une parole d'amour !... aujourd'hui il n'a rien dit !

Son sourire accompagne toujours son désir !... Aujourd'hui son regard s'est détourné de sa mère !... ses gestes l'ont repoussée !

... Il a donc cédé aux *tristes influences !* elles ont cédé devant la prière que vous avez entendue !

Ne dites pas qu'il n'y a point de révolte quand l'enfant ne dit rien ! La révolte n'est pas que dans la parole, elle est dans le geste et l'action.

Quand vous ne pouvez connaître le mal moral ou le mal physique de l'enfant, recourez à Dieu et à vos bien aimés Protecteurs ! et vos malades ou vos révoltés connaîtront la douceur d'amour qui fondra leur cœur à l'appel d'amour qui se fait chaque jour.

Mes bien aimées ! souvenez-vous et retenez bien ces paroles : Vous devez toujours faire un effort d'amour par la prière, par la parole, en tout, pour tout et avec tous !

Quand sur vous éclatera un flot de colère, élevez votre âme à Dieu ! demandez-lui le secours, et vous le connaîtrez !

*Révolte d'enfant ou révolte d'homme fait, sont
le fait des Esprits de haîne liés à vous comme à eux!
L'enfant de quelques jours en subit le joug comme
vous-même !* Que l'Amour, Dieu ! adoucisse ce joug
de souffrance dont, dans le passé, vous avez lié vos
frères, et tout se fera calme sous votre effort d'amour,
de patience, de sainte abnégation.

1ᵉʳ mai.

Ce matin, les douces voix d'amour qui me parlent
avec tant de tendresse, m'ont dit : Apprends ce
mot nouveau, *Dieu !* à tes charmants bébés.

Je dis donc, à Marie et à Pierre : Il faut le baiser
pour nourrir le cœur ! il faut le blé, le vin, l'huile
pour nourrir le corps ! Que faut-il pour se souvenir
de ce qu'il est nécessaire que l'on retienne... car
souvent, l'esprit oublie.

Marie réfléchit et dit : Cette nuit, j'ai vu papa et
maman spirituels, ils m'ont dit : Aime bien ton père
et ta mère terrestres ! Aime-nous bien aussi nous,
papa et maman sprituels !... et j'ai répondu: Oh !
oui ! et j'ai baisé leur main comme je baise la tienne,
Mère.

Quelle différence, lui dis-je, entre papa et maman
spirituels et papa et maman terrestres ? O Mère !
eux sont tout or et argent entourés d'étoiles brillantes ! Vous, vous êtes beaux et bons, mais pas
blancs et brillants comme eux.

— Pourquoi, alors, nous trouves-tu beaux et bons?

— O maman ! c'est parce-que Papa céleste, nous donne tout par vous, pain du cœur et pain du corps ! Mais vous avez autre chose à donner que vous ne donnez pas toujours.

— Quoi ! mon enfant.

— La *pensée* ! Mère ! car papa et maman spirituels m'ont dit de demander pour vous et pour eux le pain du cœur, le pain de l'âme.

— Le *pain du cœur, c'est l'amour,* ai-je dit ! mais qu'est ce que le *pain de l'âme ?*

— C'est *la pensée !* Nous recevons tous, la *pensée* du Père céleste, Dieu ! dit Père Amour ! parce que tout ce qui existe reçoit de lui ! Ce Père là, mon enfant, on ne le nomme qu'à mains jointes : *Souviens-t'en.*

— Ils m'ont dit encore : *Penser,* c'est songer à soi et à tout ce dont tous ont besoin, car les besoins de tous sont les mêmes que les nôtres. Tous ont besoin du *pain du cœur,* le *baiser, l'amour !* et du *pain du corps,* le *doux lait,* le *bon pain,* le chaud vêtement, la gaze légère, le berceau où, près de sa mère, l'enfant est à l'abri du froid ou du chaud ! du *pain de l'âme,* la *pensée !* puisqu'il faut que papa et maman pensent aux besoins d'Allan et de Marie, de Pierre et de Lucette pour que rien ne leur fasse défaut.

Le Père céleste, le Père Amour donne donc à tous le *pain terrestre puisqu'à tous il donne la pensée et l'amour, c'est-à-dire, la faculté d'aimer et de penser.*

— Je leur dis alors: Pour vous et pour papa et

maman terrestres je dois demander au Père céleste, au père Dieu, Amour! le pain du cœur et le pain de l'âme et rien ne manquera ni à vous, ni à eux, ni à nous?

Oui, mon enfant, rien ne manquera à aucun de nous!

Je leur dis encore : Qu'est-ce que l'âme? Ils m'ont répondu : *L'âme c'est le principe intelligent dans lequel résident la pensée, la volonté, le sens moral!* C'est par l'âme que nous recevons l'intuition de ce qui est nécessaire au cœur et au corps.

Pierre, dit alors à maman : *fais comprendre que Dieu est amour!*

— Oh! ce n'est pas difficile! Qui aime Pierre?

— Maman!

— Qui soigne Pierre, le lave, l'habille, le berce, le caresse?

— C'est maman!

— Pourquoi, Pierre?

— Parce que tu es maman! et qu'à toute maman, Dieu donne un doux baiser, une tendre caresse, du bon lait au sein, de l'amour au cœur, la pensée qui veille et la main qui travaille!

Les deux enfants joignirent alors leurs petites mains et dirent avec leur cœur : « O Papa céleste! « donne à papa et à maman spirituels et terrestres, « pain du cœur et pain de l'âme! O Papa céleste! « donne à tout enfant comme à nous, pour que « tous à leur réveil t'envoient leur doux baiser.

Allan se réveillait! il envoyait des baisers au ciel et, me tendant les bras, il mit ses lèvres sur ma joue et dit : Papa céleste, donne ! donne ! pain d'amour, baiser ! à papa, à maman spirituels et terrestres.

Marie souriante, dit : Je sais !

Ame ! front ! pensée ! *Cœur* ! amour ! baiser ! *Corps* ! pain, vin, lait, vêtement, abri !

Et tout le jour, les tout petits et leurs aînés dirent avec elle : *Front* ! pensée ! *Ame* ! *Cœur* ! amour ! baiser ! *Corps* ! pain, abri, vêtement.

2 mai.

Ce matin je dis à Marie : A quoi pense ma fille !

Elle, souriante, dit : Après Papa céleste ! après papa et maman spirituels, après toi et papa, après Allan, je pense à ma Fanchette qui aura froid si je ne l'habille, qui aura faim si je ne la fais manger, qui sera triste si je ne l'embrasse, la berce, l'endors.

Est-ce tout ce dont elle a besoin ?

Pour le moment, oui ! car elle ne parle pas encore.

Alors tu n'as besoin de ta main que pour la caresser, l'habiller, la nourrir !...

— Oh, non maman ! Il faut que je lui fasse ce que tu nous fais ! il faut que je lave ses vêtements, que je les fasse ou les raccomode ! C'est beaucoup pour moi car je ne sais pas encore bien faire ! Mais j'apprendrai tout ce que tu fais et je le ferai comme toi ! Je travaillerai comme toi !

— Qu'est-ce que travailler, ma fille ?

— Maman ! c'est occuper son temps à une chose utile.

— Qu'est-ce qui est utile ?

— O maman! C'est tout ce qui est bon au corps, au cœur, à l'esprit.

— Désigne!

Pour toi, mère, travailler, c'est laver ma robe salie, la raccommoder ou la faire, nous soigner, faire la bonne cuisine, tenir la maison en ordre, nous aimer, nous parler, nous apprendre à être gais en travaillant parce que c'est le travail qui procure tout ce que réclame le corps, et tout cela est bon et utile au cœur, à l'âme, au corps.

— Est-ce tout?

— C'est tout, maman.

— Alors, toi, quand travailles-tu?

— Je travaille quand je fais un ourlé, quand j'apprends ma leçon ou ma chanson... quand je balaye ou tricote, quand je berce Allan ou un tout petit plus petit que lui... Et bien, tout cela c'est du bon travail et cela distrait, cela t'aide, maman, et cela donne le pain terrestre, le vin, l'huile, les noisettes!... et sur ce ton là ma fille babillait sans s'arrêter comme un oiseau chanteur.

20 avril.

Allan ravi suivait ses intonations! il battait des mains, envoyait des baisers à sa sœur!... Il aurait voulu babiller comme elle!

Pierre aussi l'écoutait surpris, ravi! il continua:

Oh, c'est bon le travail! Papa céleste donne! donne travail à papa, à maman terrestres! car le travail donne des souliers, des confitures, du pâté, du beurre, des œufs!... le travail donne un bel habit, une chaude couverture, un bonnet bien blanc, un beau tablier, un joli berret, de belles galoches, de tout petits sabots, des chaussons, des bas pour papa et pour maman... et pour nous aussi, dit-il en riant.

Et, autour de lui les petite voix disaient en se regardant : chaussons, berrets, tabliers.

Ces regards, ces sourires, ces joies! étaient charmants à voir.

Marie reprit : Tout cela est bon! mais rien de tout cela pour papa et maman terrestres si le Père d'Amour, Dieu! ne leur donne pain céleste, *Amour*, *pensée* pour nous.

20 avril.

Et, regardant ses petits frères et sœurs, elle prit la main de Pierre, et dit : O Papa céleste donne à petits frères et sœurs et à nous, baiser d'amour pour toi, pour papa et maman spirituels et terrestres !... et dans les berceaux ou étaient les tout petits, s'éleva un murmure de baisers, de doux mots... doux bégayements qui faisaient tout joyeux autour d'eux et de nous.

Ce jour là, les soins furent bien diminués ! Henri, Paul, Lucette, eurent moins de cris en leurs berceaux, ils furent plus propres. L'air sembla plus pur, plus léger... et, pour nous qui écoutions, nous entendions le doux langage des Protecteurs invisibles aux petits bébés qui sommeillaient sous nos yeux ou qui, d'une main distraite, touchaient la balle ou la poupée, le chien ou le chat suspendu au dessus de leur tête.

20 avril.

Trois fois, depuis que la Crèche est ouverte, je vous appelle, Anges d'amour qui veillez sur les berceaux et sur les mères ! et trois fois en mon oreille d'âme j'ai entendu ces mots : Patience ! le médecin sera fier et content !... Point de maladie ! santé parfaite ! propreté parfaite ! entretien parfait !... On vit, ici, dit-il ! L'atmosphère n'est pas celle d'ailleurs ! Je m'y trouve bien !... Y aurait-il quelque chose de vrai dans cette doctrine et science qui semblent incompréhensibles parce qu'on en parle peut-être sans savoir !... J'étudierai !

5 mai.

Ce matin, Pierre et Marie disaient en chantant : Bon ! Bon ! le travail ! il donne le bon pain, le bon lait, les doux fruits ! il donne tout sur terre ! O Papa Amour ! donne ! donne !

A ma tâche retenue, j'écoutais sans mot dire, mais bénissant en mon âme ce Père divin qui, d'un chant d'enfant qui commence à parler, à penser, à comprendre, fait une louange parfaite.

Mes douces voix me dirent : Pierre et Marie

aiment à chanter ! fais-les chanter tous deux. Leurs
doux chants berceront les tout petits, et tout se
fera bien.

Et je dis en ma prière : « O mon Dieu ! donne à
« la mère, une mère pour guide ! Permets que
« Marguerite, ma mère bien aimée, parle par moi
« aux enfants, module par moi les doux chants
« qu'elle nous a donnés ! car je ne suis plus jeune,
« et jamais en ma vie ma voix n'a fredonné un
« chant d'amour, un doux chant de prière, que sans
« peine un enfant puisse dire. »

Je sentis alors le besoin de chanter, et j'unis ma
voix à celle de mes bébés.

Jamais ils ne m'avaient entendue ! ils se turent !
et maman chanta toute seule :

« O Père céleste ! toi qu'on nomme Dieu ! Amour,
« donne à papa ! donne à maman spirituels et ter-
« restres pain céleste ! pain du cœur, le baiser,
« l'amour, la pensée.

« Donne en plus à nos papas, à nos mamans
« terrestres pain du corps, travail chaque jour,
« pour que chaque jour ils aient pour suffire à leurs
« besoins, aux nôtres ! »

Rien de ces mots n'était nouveau pour eux ! mais
pour que le mot *chaque jour* fût bien compris, je
dis à Pierre : Qu'est-ce qu'un *jour*, mon enfant ?

— Je ne sais pas, dit-il.

— Et toi, Marie ?

— Oh ! un jour, c'est un temps que l'on compte
du matin au soir ! Est-ce bien cela, maman ?

— Pour avoir un jour, mon enfant, il faut ajouter

les heures du soir au matin à celles que l'on compte du matin au soir.

— Ah! je comprends! Tout ce qui s'écoule de l'heure du lever à celle du lever fait un jour.

— Oui, mon enfant!

— Eh bien, dis, maintenant : un jour a 24 heures! deux fois 12 font 24.

— Ah! oui, je viens à 6 heures, je m'en vais à 6, cela fait 12 heures.

— Oui, ma fille! Apprends cela à Lucette gentille.

20 avr.

— Et moi, dit Allan! qui me l'apprendra?

— Toi, mon Allan! ne sais-tu pas tout ce que Marie dit?

L'enfant réfléchit et dit : Du lever au lever, il y a un jour, de 6 heures à 6 heures, il y a 12 heures. Pour un jour, il faut 24 heures. C'est bien cela, maman?

Un baiser de la mère fut le prix de la leçon retenue, et bientôt tous dirent : Du lever au lever, il y a 24 heures, de 6 heures lever à 6 heures départ, il y a 12 heures..... 2 fois 12 font 24.

20 avr.

Il faut maintenant une récompense à tous ces efforts, me dirent mes douces voix : Prends tes bébés par la main! Que les plus grands donnent la main aux plus petits, et faites une ronde. En marchant, vous direz :

De ma main droite (et on montre sa main droite), je tiens ma sœur; de ma main gauche (et on montre sa main gauche), je tiens mon frère ! Ils sont gentils camarades et bien joyeux avec moi! Saute! petit frère! Saute! petite sœur! Sautons! Sautons! (et l'on saute). Aimons! aimons! chantons! chantons! et l'on dit en chantant : *Gai ! gai ! le soleil, il fait mûrir le blé! il fait fleurir, fait fleurir les prés ! Il fait le gazon! il fait le doux gazon ! où doux est s'asseoir ! où doux est s'asseoir.*

Les enfants étonnés ont écouté le chant et les paroles. Les uns disent: *gazon!* les autres, *blé!* les autres, *pré!* Moi, sans rien dire, j'écoute et j'attends.

Armand dit : Qu'est-ce qu'un *pré*, Marie?

— C'est une vaste étendue dans laquelle il y a de l'herbe tendre, où le bœuf, l'âne, la chèvre, le mouton, la vache et son veau vont paître. Parfois on les attache à un arbre avec une longue corde, qui leur permet de brouter assez loin.

Dans le pré, sur l'herbe, nous allons nous asseoir; il y a de jolies petites fleurs : des coquelicots, des bluets, des boutons d'or, des marguerites, des clochettes blanches, tout ce qui fait nos jolis bouquets.

— Et qu'est-ce qu'un *champ*?

— C'est un terrain cultivé, labouré, dans lequel poussent le blé, le maïs, les pommes de terre, les betteraves.

— Quelle est la différence du pré et du champ?

— Le champ est un sol sec, pierreux; le pré est arrosé par de petits ruisseaux... aussi il est humide et l'herbe y est fine. Est-ce cela, mère?

— C'est cela, mon enfant.

J'ai repris leurs mains, et nous avons recommencé notre ronde. Pierre et Marie étaient à la tête! les petits enfants étaient entre eux, aussi la ronde était douce et tous étaient contents!

Je m'assis en disant : Il fait bon s'asseoir quand on a marché, sauté, dansé.... Qu'allons-nous faire maintenant?

Maurice se leva et dit : Dans ma petite main, il y a cinq doigts, le premier s'appelle : *pouce*! le second, *index*! le troisième, *médium*! Le *pouce*, c'est le plus court et le plus gros!..... l'*index* montre! le quatrième est l'*annulaire*, cela veut dire doigt où l'on met l'anneau..... et puis le cinquième est l'*auriculaire*! c'est le tout petit doigt, qui parfois me sert pour l'oreille.....

Il était 4 heures, c'était l'heure du goûter...A chacun sa bouillie ou sa goutte de lait ou sa croûte de pain... Ils étaient heureux ainsi!

Si le petit enfant, dès son premier jour, pousse un cri de douleur, à votre contact, ô mères bien aimées, il oublie peu à peu la cause de ses effrois.

Aimez vos enfants, ces bien aimés que la tendresse divine donne à votre tendresse. Ainsi vous leur ferez oublier les durs combats de l'espace! Eux, par leur tendre reconnaissance, vous feront oublier votre dur travail; car, lorsque l'amour est le retour de l'effort, quelque dur qu'il soit, il est un bienfait!

6 mai.

Aujourd'hui, trois œufs sont éclos en notre doux nid d'amour! Trois beaux petits enfants nous ont été amenés.

L'un a 15 jours, l'autre en a 8, le troisième en a 3. Voici comment, si petits, ils m'ont été amenés :

L'enfant de 15 jours a droit de place ici. C'est un bel enfant déjà! La vie lui sourit! Que sera-t-il de toi, bel enfant?

Ah! douces choses seront à moi, murmura une voix à mon oreille, et j'ai dit : Que sur toi soient les forces d'amour et de vie dont Dieu, notre Père et tes Protecteurs, veulent te ceindre!

Le doux murmure reprit : Je prendrai courage et force en vos bras! J'y puiserai la vie du cœur et de l'âme, plus qu'au sein de sa mère un enfant nouveau-né! Aimez-moi, je suis votre race, votre catégorie! Oh! aimez!

— Toi, enfant, et tous les bien aimés qui t'entourent, nous vous aimerons! et ensemble nous apprendrons ce que c'est qu'aimer.

— C'est bon une parole comme celle-là! O mères, priez en nous berçant! Prier, bercer, chanter, faire boire ou manger, c'est tout un, quand en le faisant on pense à Dieu.

— Nous prierons, mon enfant! et nos bien aimés

Anges gardiens et Protecteurs en notre âme mettront la pensée, pour que le devoir s'implante en elle et n'en puisse sortir.

— O mères ! merci.

Sur mon bras le second fut mis par sa mère !

— Madame, je suis faible, ignorante ! je suis jeune et je dois rudement travailler. Prenez mon bébé, Madame ! Je l'allaiterai à 11 heures, en rentrant... puis tout le jour, jusqu'au soir, 6 heures, je vous le laisserai. Voyez, Madame, il est beau, mon fils ! vous en aurez bien soin.

— Grand soin, mon enfant ! Vous n'en avez point d'autre ?

— Point, Madame ! Il est mon premier ! mon dernier ! car il n'a point de père !

— La mort à son devoir vous l'a-t-elle ravi ?

— Non, Madame ! le devoir ne fut jamais sa loi !

— Il fut la vôtre, mon enfant !

— Madame ! il le sera ! vous me le ferez connaître !

— Bien, mon enfant, nous partagerons mêmes devoirs ! L'Amour, Dieu ! nous fit sœurs ! Du même enfant il nous fera mères !

— O Madame, merci ! Madame, merci !

Deux grosses larmes, vainement, je voulus retenir ! elles tombèrent sur la mère et sur l'enfant.

L'enfant se réveilla ! il eut un doux sourire ! ses petits bras remuèrent, puis il se rendormit.

La jeune mère dit : Madame, oh ! merci ! je me souviendrai ! Et elle laissa l'enfant.

Notre troisième nourrisson d'amour, une belle

petite fille, qui déjà essaye un sourire, nous fut apporté par sa jeune tante. L'enfant dit : Ma mère et moi, près de ma sœur, nous sommes retenues... Tantôt l'une, tantôt l'autre, nous la soignons de notre mieux, et puisqu'elle ne peut nourrir son enfant, Madame, nous vous prions de l'accepter.

L'enfant fut accepté !

O vous, nos doux bébés d'amour ! nous vous accepterons tous ! L'amour ici vous sourit ! et sous vos pas s'enfanteront les prodiges que l'amour seul enfante !

Depuis ce matin, nous voilà donc mères de nos trois nouveau-nés à la Crèche spirite ! O vous nos Protecteurs bien aimés ! O vous leurs Protecteurs bien aimés ! inspirez-nous.

9 mai.

L'enfant a fait sa prière sans que je le lui dise. Dès son réveil j'ai compris qu'un petit bras s'agitait, que des mots se murmuraient, et je me suis approchée.

Mon Allan regardait les yeux bien haut levés, il disait : Papa céleste, à toi baiser ! Donne à papas et à mamans spirituels et terrestres ton pain d'amour ! le pain du cœur et le pain de l'âme ! Donne en plus, à papas et à mamans terrestres le pain du corps : travail, santé ! O papa amour ! Dieu ! donne !

Une larme avait roulé de son œil.

Je n'osai rien demander, mais je priai ! et j'entendis une douce voix me dire : L'enfant comprend !

observe! J'observai! et voici ce que je vis sans pouvoir me l'expliquer. L'enfant fut plus calme, plus soigneux, plus doux.

La douce voix qui me parlait me dit : Tu comprendras !

Dans son petit lit, Marie aussi priait! elle disait : Papa céleste! donne à papas et à mamans spirituels et terrestres le pain du cœur, *baiser*! le pain de l'âme, *pensée*!

A nous aussi, Papa céleste, donne pain céleste! pain du cœur, *baiser*! pain de l'âme, *pensée*! Donne-nous *pensée*! *amour*, *baiser* pour nos tout petits frères et sœurs! Donne à tout papa, à toute maman terrestres le pain du corps *travail*, *santé*, pour que chaque jour ils puissent suffire à leurs besoins et aux nôtres. Et elle envoya son baiser à Dieu. Puis elle dit : Maman! maman!

— Que veut ma fille, lui dis-je ?

— Maman! *baiser*, *pensée*! et sur ma main, elle mit un baiser et me dit : Donne, maman! donne.

Sur son front je mis mon baiser, et je lui dis : Que désire Marie, maintenant?

Elle me regarda et dit : 2 fois 12 font 24! De 6 heures lever à 6 heures départ, 12 heures! De 6 heures départ à 6 heures lever, 12 heures; de 6 heures lever à 6 heures lever, 24 heures! 24 heures font un jour. Dis, maman! pourquoi ma poupée ne sait-elle pas encore cela?

Apprends à Georgette! elle retiendra mieux.... L'enfant réfléchit et dit : J'essayerai.

Marie et Allan sont levés! Jeanne et Lucien sont

venus; Rose et Armand entrent pour la première fois à la Crèche!

D'ordinaire, c'est Marie qui fait les premières avances! Aujourd'hui, elle est restée assise et Allan, en sautant, est allé à eux, les a regardés, les a pris par la main... Il disait en les conduisant : Marie, Marie!

Marie se détourna.

Allan lui prit la main et mit celle des enfants dans la sienne en disant :

Père céleste nous donne petit frère et petite sœur! Donne nous, o papa céleste, baiser pour eux! et il mit ses lèvres sur les joues des enfants qui le regardaient faire. Ils comprenaient aussi que Marie les repoussait et ils se tinrent silencieux.

Un drame se passait sous ces fronts d'enfants!

Marie fit un effort! Papa céleste, dit-elle! donne à la petite fille et au petit garçon le pain du cœur et de l'âme : amour! baiser! pensée! et en s'approchant, elle leur donna son baiser. Puis, prenant leurs mains, elle dit : Papa céleste donne à tous nos papas et mamans spirituels et terrestres le pain du cœur et le pain de l'âme... baiser! pensée! et formant une ronde avec Allan et eux, elle dit : Aimons! chantons! dansons!

Les enfants sourirent et dirent: Aimons! chantons! dansons! Et quand ils disaient : sautons! dansons! ils sautaient, se baissaient, se relevaient tout joyeux!... Mais, quand ils dirent: Chantons! Marie chanta ainsi: Gai, gai! le soleil! il fait mûrir le blé! il fait fleurir, fait fleurir les

prés! Gai! gai! gai! gai!... et Allan de crier à tue
tête : Aimons! chantons! dansons! Gai! gai! gai!
gai!

La glace était rompue! mon bon Ange me dit :
Regarde!

Armand et Georgette s'étaient remis l'un près de
l'autre!... ils se serraient l'un contre l'autre.

Marie leur prit la main et dit : Gentil! petit frère;
gentille! petite sœur! ils sont joyeux camarades!
Sautons! dansons! aimons!

Les deux enfants étaient heureux!... leur entrée
était faite!

Marie reçut un baiser de sa mère. L'enfant émue
dit : Merci!

Elle avait compris que sa Mère avait observé et
vu! elle dit : Méchante pensée, Marie!... Pourquoi!

— Parce que Marie *voit*.

— Que *voit-elle*, maman?

— *Esprits bons! Esprits mauvais!*

— *Esprits bons, font joyeux!... Esprits mauvais font triste!* « Papa céleste! donne pain du
« cœur, baiser! pain de l'âme, pensée! à petits
« frères invisibles pour qu'avec nous ils t'envoient
« un baiser! »

Et, en chantant, Marie dit : A bons petits frères,
pain céleste! amour, baiser, pensée!

L'effort est fait, maintenant! Marie pense, raisonne, se comprend et réagit! O mon Dieu! Merci!

Allan disait de son côté : Papa céleste donne à
petits frères spirituels et terrestres le pain du cœur
le pain de l'âme, car petits frères spirituels sont

ici avec moi. Beaux ! O beaux ! beaux ! les petits frères spitituels des petits frères terrestres.

Les enfants écoutaient ! Allan continua :

J'ai vu cette nuit Armand et Georgette ! Ils m'ont donné un *baiser* ! ils m'ont donné une *pensée* !... *Pensée* ! *sourire* !... *baiser* ! *amour* ! Pourquoi ? et en tournant sur lui, il dit : *Pensée* ! *sourire* !... *Baiser* ! *Amour* !

Armand et Georgette écoutaient silencieux.

Allan continua : *Pensée* ! *sourire* !... *Pensée* ! *larme* !... Toujours *pensée*, *sourire*, pour petits frères, pour petites sœurs !

Marie avait compris, elle dit : *Pensée* ! *sourire* ! *beaux* ! *bons* ! *petits frères spirituels* !

Pensée ! *larmes* ! *mauvais* ! *méchants petits frères spirituels* !

Allan battait des mains ! Oui ! oui ! oui !

Les petits enfants ont tous compris ce que Marie a saisi !...

La pensée est éclose en elle avec le mot pour l'exprimer et pour le faire comprendre. C'est elle qui, maintenant, servira d'intermédiaire entre les enfants et les mamans.

Comme il fait bon suivre l'effort qui se fait en ces enfants !

« Ames d'amour ! Soyez bénies, vous qui leur « parlez dans leur sommeil et les inspirez dans le « jour. O Père céleste ! nourris de ton bon pain, les « papas et les mamans spirituels des mères et des « enfants. O mon Dieu ! merci. »

Trois jours se sont écoulés ! nos nouveaux petits bébés sont initiés à tout : Jeux, rondes, chant, prière.

Les premiers, maintenant, ils disent au premier réveil, en levant vers le ciel des regards recon-« naissants : « Papa céleste, donne ! donne ! à papas, « à mamans spirituels et terrestres, pain du cœur ! « pain de l'âme ! Donne en plus à nos papas, à nos « mamans terrestres, pain du corps, santé, travail ! « Donne, o père céleste, donne ! »

Marie est ravie !... J'ai vu, dit-elle, papa et maman spirituels !... beaux ! beaux !... sur Armand, couronne ! sur Georgette, bouquet ! *Pourquoi couronne ? Pourquoi bouquet ?...*

Elle se recueillit et dit : Je comprends !

Couronne ! pour le front: *Pensée* !

Bouquet ! pour le cœur : Amour !

Elle continua : Allan, Marie... Couronne, Bouquet !

Armand, Georgette... Couronne, Bouquet ! Dis, maman, Pourquoi ?

— Tu le sais, ma fille !

L'enfant chercha et dit: *Front* ! pensée ! âme ! *Cœur* ! amour ! baiser.

Quand *amour* et baiser ; et âme, pensée sont entre Marie et Allan ; entre Georgette et Armand, les cœurs sont tout joyeux, les esprits tout contents ! *sans amour, sans pensée point baiser*, point bonheur, point pensée à papas et à mamans spirituels et terrestres !

C'est beaucoup d'efforts pour l'enfant, pensai-je !

La voix d'amour qui me parlait, dit : Est-ce toi qui as provoqué ces pensées ?

— Non ! dis-je.

— Alors, de qui sont-elles ?

— Elles sont de vous, bons Esprits.

— Donc, mon enfant, ne crains pas ! mais bénis ! car tes efforts aux nôtres réunis, accompliront l'effort. Courage donc ! et observe !

Nos bébés sont joyeux et calmes ! Ils s'entendent ! se comprennent... le travail est plus doux ! la mémoire est meilleure...

Lucette, en son berceau, s'est oubliée.

O Maman ! dit Marie, ma poupée est plus sage ! Jamais elle n'a fait pipi au lit ! et, boudeuse, elle dit à Lucette : Sotte, sotte ! petite Lucette ! sotte ! sotte !

L'enfant est honteuse ! elle comprend donc ! De qui tient-elle la pensée ?... D'une toute petite enfant ! Le langage d'amour, le langage du cœur, celui de la pensée précèdent donc celui du corps.

...Voyons si ce langage perd sa force quand le corps grandit.

C'est une étude que nous faisons ici ! Savants de tous pays, hommes de pensée, étudiez avec nous si cette pensée cultivée par un langage d'enfant et un langage de mère enfante des sectaires ou des libertaires.

Nous verrons ! car l'amour, ici vous ouvre grandes ses portes !

Pas n'est étrange à vos efforts celui auquel se donnent vos épouses ou vos mères.

Sous notre toit d'amour où tout rayonne, venez dérider vos fronts et connaître un sourire. S'il est doux, dans un bois d'aspirer de l'air pur, d'y entendre le ramage de l'oiseau et le murmure de l'eau... plus doux et plus charmant est d'entendre et de voir ce que dit l'enfant à ceux qui l'enseignent! à son père, à sa mère qui doivent le conduire dans la voie du bonheur, dans celle de la paix.

C'est bien là notre rôle! c'est bien le leur aussi!

Les petits enfants s'enseignent les uns les autres! Et, si près d'eux nous apprenons l'amour et la raison, nos leçons leur seront aussi douces que nous le sont les leurs.

10 mai.

L'amour est ma loi! ma force! mon aspiration! il est le critérium de tous mes manquements qui sont nombreux comme les fils ténus de la toile d'araignée. Un à un je connais mes manquements à ta loi, O Père Saint! *Quel nombre d'années me faut-il pour en effacer un ?*

Le nombre des jours d'une vie bien remplie!

Dieu est amour! *A tout être il donne le temps de se créer lui-même ce qu'il veut-être, mais il ne l'abandonne pas à lui-même! Il dose chaque don à chaque besoin comme la tendre mère dose son doux lait à l'enfant qu'elle allaite. La race humaine terrestre est un membre de la race humaine universelle qui est fille d'un même Père! ses besoins ne réclament d'autre loi que celle de son Père Dieu!*

l'*Amour* ! car en l'amour est le besoin et la défense de tout être.

Tout effort oublié, abandonné ou inachevé est un manquement à l'amour et à la foi.

A l'amour, envers Dieu ! envers ses Protecteurs, envers ses frères.

A la foi, en Dieu, en sa justice, en sa bonté, en sa puissance en le soutien immanquable de ses bien aimés Protecteurs.

Vous vous dites, o femmes : Mais si l'enfant est faible, les mères le sont aussi !

O Mères, sachez-le : *Nul, sur terre n'est fort comme la mère qui aime ! car la mère qui aime c'est la force de Dieu sur terre ! c'est le témoignage vivant de la tendresse divine !*

Aimez donc vos enfants ! ils sont toute la race humaine dévoyée ! et espérez !

Vous le savez ! Dieu n'entre pas en jugement avec l'homme ! il lui donne le moyen de se développer par l'amour et par la foi !

Oh ! confiance ! vos faiblesses et vos vices, vos ignorances et vos manquements n'entrent pas en compte devant Dieu ! vous vous en dégagerez peu à peu dans la longueur des temps !

Ce qui entre en compte, c'est la possibilité de faire et la négligence apportée à l'effort compris !

Souvenez-vous, o Mères !

10 mai.

L'enfant s'est réveillé plus heureux encore que de coutume ! Mon Allan est la tête des tout petits ! il les rejouit de sa gaîté, de son babil et de ses caresses. Il passera une heure silencieux près du petit qui dort ! il le suit avec une tendresse infinie ! Depuis que j'ai accepté les enfants de mes sœurs les voisines, sa poupée, ses poupons, ses petits animaux, tout à perdu sa force d'attraction sur lui !... Bébé pleure, dit-il ! et il va vers bébé, cherchant à le voir et à se faire entendre.

Alors, pour le bercer il chante doucement : Do ! do ! l'enfant do !

Do ! do ! Do ! do ! « Papa céleste ! donne à bébé « doux sourire ! Donne lui la vue de son beau petit « Ange ! de son petit père et de sa petite mère spi- « rituels ! Donne à bébé et à son papa et à sa « maman terrestres, amour au cœur, pensée « d'amour pour toi o Papa céleste, toi qui donnes à « tous, pain du cœur, pain de l'âme, pain du corps ! »

Le chant de mon Allan est une prière sur l'enfant qui pleure !... et sur tous s'étend le charme de cette voix ! O âmes d'amour qui le dirigez, merci ! Mon Dieu ! merci !

Quand je prie, ma lèvre ne murmure aucun son ! ma main active est à celui qui réclame mes soins... mais les enfants le comprennent et disent parfois : Papa céleste ! donne à maman, pain du cœur, pain de l'âme, pain du corps !

Quand j'entends cela, des larmes me montent aux yeux et les enfants le voient et le comprennent si bien que l'un sur mes genoux, l'autre, par terre assis, bien près de moi ; celui-là la main sur mon épaule, celui-ci la main sur mes genoux, tous, la

main dans la main se donnant un baiser, disent :
Maman ! Papa céleste à toi donne un baiser ! et
leurs petites mains m'envoient des baisers !

O divine intuition ! Si le baiser des Mères est le
baiser de Dieu à l'enfant ! le baiser de l'enfant à la
mère est bien ton baiser o Père céleste ! car si bien
pur est un baiser de mère, bien pur aussi, o Père,
est un baiser d'enfant !

Marie a son rôle à part !..... C'est le répétiteur
d'amour..... Elle prend Maurice, Armand, Lucette,
Georgette à part, les interroge et les instruit !

Tout à l'heure, eux rangés autour d'elle l'écoutaient tout ravis.

— J'ai deux petites mains..... Toi, Georgette.....
tu en as ?.....

— Georgette, indécise, dit : dix !

— Et Marie de rire et de dire : Montre !

— Georgette est confuse, car Maurice lui a dit :
2 ! 2 ! 2 !..... Elle reprend : 2 ! 2 ! 2 !

— Bien ! dit Marie.

— A toi, Lucette ! montre tes mains.

Lucette, sachez-le, a 6 mois et un jour ! mais elle est
vive et, assise sur son petit tapis, elle prend plaisir
à écouter ce qui se dit, ce qui se fait dans ce petit
cercle d'enfants ! Aussi ne cesse-t-elle d'appeler
par ses cris pour qu'on la sorte de son berceau
quand elle n'y dort plus.

Lucette rit, sa bouche s'ouvre, un petit cri s'en
échappe, elle s'agite..... elle lève ses petites mains !
Son geste est un vrai triomphe !..... et chacun de
l'acclamer, de l'approcher, de lui donner son baiser.

Oh, je vous l'assure ! l'amour, la vie, l'intelligence se montrent ici sans entraves ! Point d'effort méconnu ! point de baiser tendre inapprécié ! point de sourire incompris ! Tout notre langage s'entend ! qu'il soit parlé ou mimique !..... tout est compris !

Lucette est si joyeuse que ses petites mains s'élèvent comme elle a vu faire..... puis, dans un baiser elle dit au ciel : « Père ! je t'aime ! »

Ainsi passent nos heures ! elles sont si rapides que si le pied est las, le cœur est bien content !

Je poursuis mon récit car aujourd'hui j'ai reçu une vraie leçon de mes tout petits bébés.

Marie a donné son baiser maternel à Georgette, à Lucette..... puis elle reprend : J'ai 5 doigts dans ma main..... elle a compté : 1, 2, 3, 4, 5.

Toi, Lucien, combien en as-tu ?

Lucien écoute, regarde et se tait.

Marie lui prend la main et lui dit : Dans ma main il y a cinq doigts ! vois ! et un à un elle prend ses petits doigts et compte *cinq*.

Lucien dit : J'ai cinq doigts dans mes mains ! cela fait dix en tout ! j'en ai plus que toi.

Marie de rire et de dire : Moi, Lucien ! j'ai cinq doigts dans ma main gauche. Combien en as-tu dans la tienne ?

Lucien montre sa main droite et tout triomphant : Moi aussi, j'en ai cinq !

Et dans la main de Marie il place sa main gauche.

C'est la première fois que Lucien répond ! On bat des mains, on l'applaudit ; Pierre alors reprend : Veux-tu, Marie, je vais parler.

Parle !

Pierre se lève et dit : Dans ma main droite, il y a cinq doigts ! dans ma main gauche il y en a cinq ! Cinq et cinq font dix ! C'est bien cela, Marie ?

C'est bien cela, dit l'enfant.

Eh bien, Marie, interroge Maurice ! tu verras comme il sait ! et d'un air triomphant il s'assied.

Maurice s'est levé, il dit : 1, 2, 3, 4, 5 — 6, 7, 8, 9, 10. Marie ! Pierre m'a appris le nombre de mes doigts..... il m'a dit encore : Maurice, tu es riche ! tu as deux bons serviteurs ! Nomme-les.

Je cherchais !..... il riait !..... et j'ai dit : Je ne sais où ils sont !..... montre-les moi.

Pierre a pris mes mains et m'a dit : Pour donner des baisers, nous prenons nos mains !..... Pour prendre la cuiller ou le vase, nous prenons nos mains !..... pour porter le panier, la pelle ou le seau, nous prenons nos mains !..... pour ratisser la plate-bande, nous prenons nos mains !..... pour porter à la bouche ou le pain, ou le fruit, nous prenons nos mains !..... pour cueillir la fleur, pour prendre la terre ou le sable, nous prenons nos mains !..... pour faire nos rondes, nous prenons nos mains !..... et pour nous embrasser, Maurice !..... de nos mains nous nous prenons la taille !

C'est vrai ! ai-je dit !..... et je puis le redire. Louange à Pierre !

— Louange !..... qu'est-ce que cela, dit Armand ! Je ne connais pas ce mot ?

— Ni moi, dit Maurice.

— Pourquoi le dis-tu, alors ?

— Pourquoi ? je n'en sais rien ! Mais je l'entends dire à papa, à maman ! à nos deux mères aussi ! et si elles le disent, c'est qu'il est bon à dire.

J'intervins alors. A qui donnons-nous louange, Maurice ?

— A Papa céleste !

— Pourquoi lui donnons-nous louange ?

— Parce que tout ce qu'il fait est bon et digne de louange !

Bien ! Maintenant, dis, Maurice, ce que tu as fait qui mérite ce mot ?

— Moi ! maman ! rien du tout ! J'ai répété ma leçon.

— Alors tu ne mérites rien !

— Oh si ! J'ai retenu ! j'ai fait un effort et, toujours, Mère, tu récompenses un effort.

— C'est vrai, mon enfant ! Le baiser de la Mère, c'est là la récompense ! Mais dis-moi ? *Qui doit-on bénir ! de l'enfant qui reçoit où du Père qui donne !*

— Ah ! je comprends, Mère ! *C'est Dieu qui donne la mémoire à qui fait un effort,* comme toi, Mère, tu donnes un baiser, un doux baiser d'amour, un doux baiser du cœur à qui fait un effort.

— Alors, Maurice !..... que doit-on dire à celui qui fait effort.

— Mère, on doit dire : *Bénis Papa céleste, Père Amour, Dieu ! qui t'a donné de faire effort.*

Chacun a écouté ! et chacun a compris !

A vingt ans, o vous nos doux bébés d'amour, que comprendrez-vous, si toujours vous recevez les leçons de la Mère !

« O Père ! toi qui fais telles choses, sois béni !
« et que sous tout toit humain soit la pure joie qui
« remplit nos cœurs et transporte nos âmes.

Hirondelle bénie ! joyeuse tu vas où l'amour et
le doux printemps te convient ! Nous, nous serons
joyeux comme toi, mais autant en automne et
autant en hiver que dans le doux printemps et dans
le chaud été quand, *pour chaleur bienfaisante et
fécondante, nous aurons la chaleur du cœur et la
chaleur de l'âme,* car tous ces bienfaits qui émanent
de Toi, à Toi retourneront, o Père ! notre Père, en
nos doux chants de louange !

11 Mai.

L'amour est ma loi, et la foi est ma force ! *O Père
de la Nature entière,* tu créas toutes choses ! *Tu es
Esprit et vie !* L'Univers ne peut te contenir
puisqu'il est l'œuvre de tes mains ! Ta conception
nous échappe ! La création t'atteste ! Tout ce que
nous pouvons dire, en notre petitesse, infimes que
nous sommes, c'est que tu existes !

L'homme, sur terre, a regard et puissance sur
toute matière ! il en cherche les lois et les propriétés
et il la met en œuvre ! Rien ne lui commande, et
tout lui obéit ! S'il est ainsi de lui, sur son globe
minuscule, et si *le progrès est son but* ! pourquoi
n'en serait-il pas de même pour ces globes innombrables répandus dans l'espace, et pourquoi leur
but : *le progrès,* ne serait-il semblabe au sien !

Si le progrès alors est *le but universel,* pourquoi

rejeter la pensée qu'une *Volonté suprême, supé-*
rieure à toute volonté, trace à tout l'Univers la
voie qu'il a à suivre, voie que l'Amour seul indique
à l'homme, puisque c'est la seule loi qui le soumet
à la raison.

Vous dites : Il est vain de scruter ces questions!
L'homme s'y perd!

O Frères! l'homme se perd en les pensées vaines
ou perfides que lui suggèrent l'esprit d'orgueil ou
de domination! l'esprit de luxure ou de débauche!
d'avarice ou de lâcheté!..... car tout cela enfante la
mort et le désespoir..... Mais ouvrir son âme aux
pensées de recherche qui, par l'amour et la foi, le
font fils de la grandeur suprême! Il n'y a là rien
qui abaisse l'esprit, ou le ravale, ou sème la zizanie!
Si la pensée du Dieu conçu par l'homme suscita de
tels errements, il n'en est point ainsi de Celui que
le Christ nomme Amour! car *l'Amour est la loi de*
l'Univers! il nous lie à ceux qui s'égarent comme
à ceux qui s'élèvent par leurs pensées et par leurs
œuvres.

Étudions l'Invisible! En lui, comme sur terre, il
est des Esprits bas, rampants! vivant, se repaissant
d'injures et d'outrages à l'homme, à Dieu! à la raison! maudissant à la fois et le père et l'enfant!
Niant tout! bravant toute loi de justice et la loi du
pardon, à la Terre donnée, par les Anges
d'amour!

Qui sont ces Anges d'amour, dites-vous?

Ce sont les fils de ceux qui disaient: Gloire à
Dieu! en le glorifiant par leurs œuvres d'amour!

C'est l'héritier des Elie, des Moïse! le fils de Nazareth!
le dernier né des fils de Dieu sur le monde entier!...

Ceux qui l'inspirèrent et ceux qui l'enseignèrent
ne prouvent-ils pas ce qu'ils sont, c'est-à-dire *des
frères supérieurs enseignant leurs frères cadets!*

Comme sur la terre il est des fils d'amour et des
fils de haine, ainsi dans l'espace sont des fils
d'amour et des fils de haine!

*Les fils de l'Amour proclament l'être suprême,
l'Amour! donnant pour toute loi l'Amour!*

*Les fils de la haine proclament, pour toute loi, le
Néant! pour eux la mort est le refuge, et leur
recours est la loi du plus fort!*

A qui mieux mieux, à l'aide de grands mots, ils
bouleversent le monde pour le remplir de ruines.

Dites, frères! N'est-ce pas aujourd'hui le jour du
jugement! En est-il un, sur terre, qui raille la main
d'amour qui panse ses plaies! celles de son cœur,
celles de son âme et celles de son corps?

En est-il un, sur terre, qui, sans défense, sans
armes, chasse l'Amour qui le couvre de son aile
protectrice et ouvre ses portes aux fils de la haine,
nommés dans le passé: *Fils de Dieu!* mais répan-
dant le carnage partout.

Oh! cessez vos outrages à la saine raison! Fuyez
ceux qui donnent essor à vos viles passions, à vos
ambitions personnelles, pour éteindre en vous le
cri de la conscience, le cri de la raison!

Je suis Mère! et j'en appelle à vous, fils de 89,
dont les héros sont encore vos héros! Si ces héros
sont les frères que vous révérez! ne les outragez

pas en violant leur testament saint! *Droits à tous!*
Droits, pour tous! dans la *Liberté*, l'*Egalité*, la
Fraternité! devant la loi et devant tous!

13 mai.

Jeanne a crié dans son berceau! Marie est
accourue et, se hissant sur ses petits pieds, elle
essaye vainement de voir si une mouche ou un
insecte gêne l'enfant! En m'attendant, car elle sait
que je vais venir, elle dit : « Mon père! notre Père!
toi, l'Amour, donne-moi l'*intelligence* !

Son âme parlait un mot que sa bouche jamais
n'avait prononcé! Elle s'étonna et conserva le mot
en elle-même.

L'enfant s'était tue! elle dormait quand j'arrivai.
Marie, songeuse, me dit: « Mère, qu'est-ce que
l'*Intelligence*? »

Etonnée de la question et, à mon tour, prise en
défaut, je dis : « O Père! Donne-moi l'*intelligence*. »

Je sentis, en tout mon être, comme la présence
d'une multitude d'êtres invisibles qui semblaient
attendre la réponse à ma demande.

Je redis alors : « *O Père! permets que mon bon
Ange m'enveloppe de ses doux fluides et me parle.*

Et j'entendis ce que je n'oublierai : «O Mères! O
vous Pères, aussi, souvenez-vous avec moi! »

Deux mains d'Invisible s'étaient posées sur mon
front! leur diaphanéité était telle que je les pres-
sentis plus que je ne les sentis, et une douce voix

me dit: « *L'Intelligence c'est la porte toute grande ouverte à l'amour!*

Comment, dis-je?

La douce voix continua: *Dieu! l'Amour! c'est la vie! c'est la suprême intelligence! Quand tu demandes l'amour, tu demandes toutes les compréhensions de l'esprit! Quand tu demandes l'intelligence, tu demandes la compréhension de l'effort auquel un besoin te sollicite! Ce besoin peut être moral aussi bien que matériel, intellectuel ou spirituel.*

Souviens-toi, mon enfant!

Une vue me fut alors donnée, je vis Marie disant: «*O Père! donne-moi l'intelligence?*»

Ce qui lui faisait demander l'intelligence, c'était un sentiment d'amour, de compassion, de pitié pour une souffrance et je vis, autour de son front, une auréole d'or et d'argent étincelante comme les rayons que le soleil darde à midi! Sous cet influx de rayons si brillants, son cerveau se dilata! J'en vis les cases, une à une, pénétrées par eux! un bouillonnement se fit dans cette matière cérébrale..... des fluides noirs, de verts de gris s'en échappèrent et, en leur place, les rayons d'or.

En chacune de ces cases, je lus le mot: *Amour maternel! Amour fraternel!*

Ce fut tout! La lumière brillante disparut pour moi, mais je sentis Marie sous le poids d'une pensée.

— Qu'as-tu, lui dis-je?

L'enfant mit un doigt sur ses lèvres et dit à voix basse: *Le Père! Dieu! l'Amour m'a parlé!*

—. Comment ?

— Regarde ! et de son doigt elle montra Jeanne !
Jeanne souriait.

— Tu *vois*, dis-je ?

— Si je *vois* ! Elle est là, près de moi ! Elle me
dit : « Merci ! le Père a entendu !

— Qu'a-t-il entendu ? repris-je.

— Mon appel ! dit Marie.

— Renouvelle-le ?

L'enfant dit : J'ai *demandé l'intelligence* pour
secourir l'enfant qui pleurait et l'Intelligence a
répondu :

— Qu'a répondu l'Intelligence ?

Ceci, Mère ! Je l'ai entendu : *Qand on demande
dans l'amour, on reçoit !*

Qu'est ce que *l'amour*, dis-je ?

C'est vouloir, c'est-à-dire, c'est *désirer pour
autrui ce que l'on désire pour soi !* Je souffrais de
ne pouvoir apporter un secours à Jeanne, moi qui
suis toute petite !… eh bien, l'*Intelligence Amour,*
qui aime *tout !* donne la vie à tout, a consolé ou
guéri Jeanne !

— Pourquoi dis-tu : consolé ?

— Mère, quand on pleure, c'est que le cœur, le
corps ou l'âme souffre !

Alors, qu'est-ce qui souffrait en Jeanne ?

— C'était le cœur, Mère !

— Comment le sais-tu ?

— J'avais un serrement au cœur ! j'avais ce
qu'elle avait !

— Comment sais-tu cela ?

— *Comme je sais toute chose! Mon bon Ange
me parle avant toi !*

— Quand te parle-t-il ?

— *La nuit quand je dors, ou bien à mon réveil.*

— Comment connais-tu l'enseignement de la
nuit ?

— Quand tu nous apprends quelque chose pour
la première fois, je reconnais que l'on m'aide à retenir, à comprendre, à me faire joyeuse et intelligente,
c'est-à-dire à me donner une mémoire heureuse,
comme tu dis, Mère !

— Bien ! mon enfant, dis-je, merci !

O vous qui enseignez la jeunesse ! vous, qui près
d'elle remplacez ou le père ou la mère, appelez à
votre aide les Anges d'Amour qui vous protègent et
la protègent ! et vous connaîtrez l'aide !

Il en coûte peu de dire : « *Vous qui les protégez*
« *et me protégez, aidez-moi ! O mon Dieu ! Toi*
« *l'amour ! toi ! la vérité ! permets que je reçoive*
« *l'aide !* »

Vous connaîtrez le retour de cet effort.

Vous vous êtes dit : Comment demanderai-je si je
ne crois pas !

Lorsqu'il vous est dit : *Adressez-vous à un tel! il
a possibilité de vous aider... ne faites-vous pas un
effort ?*

Eh bien l'effort que vous faites pour aborder un
*être visible qui peut vous être plus ou moins utile,
faites-le pour l'Invisible, que l'on vous dit être la
bonté, l'amour, la justice suprême !*

A quoi bon se refuser à un effort qui ne vous

coûte pas une démarche, pas un effroi, pas une angoisse! Vous n'êtes pas de parti pris, je pense! vous n'êtes pas comme l'enfant qni se mutine et dit: Je n'aime pas! je ne veux pas! ce qu'il ne connaît pas!

Cela n'offense pas de demander dans la droiture de son âme, et dans un besoin pressant, à celui auquel on ne s'est jamais adressé!

Vous direz: Il n'y a pas de Dieu! à quoi bon demander! je vous répondrai: *Quand dans la bonté du cœur vous aurez demandé et qu'il ne vous aura pas été répondu, non par une parole, mais par un acte, alors, dans votre conscience vous pourrez dire: Il n'y a pas de Dieu!*

Souvenez-vous et ne vous butez pas dans un vain esprit de révolte!

Si votre jugement repousse aujourd'hui ce qu'autrefois votre inconscience accepta, peut-il se refuser à l'effort qui lui prouvera *Dieu! bon! juste! puissant! qui tend la main au coupable repentant, mais rend à chacnn selon ses œuvres!*

Réfléchissez! et si votre conscience se révolte à ce conseil, c'est que bien des fois vous aurez refusé de l'entendre!

14 mai.

Les enfants sont à leurs jeux! ils sont bien simples! Tous sont réunis! les uns, les tout petits, qui ne savent encore qu'articuler un cri, sourire, ou agiter leurs petites mains, sont par terre, assis sur leur tapis ! puis leurs ainés de quelques mois, ou d'un an, ou de deux, sont sur leur chaise, mais tous sont silencieux ! Savez vous pourquoi ?

Voici : Marie et Pierre font une mimique ! regardez-les avec moi. Comment ils ont fait pour s'entendre et se comprendre, je ne le sais ! cela m'échappe ! je ne puis l'expliquer !... mais je le constate !

Marie et Pierre ont les yeux levés vers le ciel ! — Leurs frères cadets disent : Papa ! maman spirituels ! — Ils baissent les yeux ! — et les enfants disent : Papa ! maman terrestres !

Ils lèvent les yeux et les mains ! et les enfants disent : Papa céleste !

Ils ouvrent la bouche en levant les yeux et les mains bien haut !... et les enfants disent ! O Papa céleste donne à papas et à mamans spirituels et terrestres pain du cœur et pain de l'âme ! et ils envoient un baiser au ciel quand ils disent : papa et maman spirituels et ils envoient un baiser à la terre quand ils disent papa et maman terrestres. Puis quand ils disent pain de l'âme ! ils touchent leur front en disant ! *pensée* ! Ils disent ensuite les yeux toujours au ciel et les mains bien haut levées : « Donne en plus à nos papas et mamans terrestres, *pain du corps* ! *santé* ! *travail* pour qu'ils aient chaque jour pour suffire à leurs besoins ! aux nôtres !

Pierre et Marie se prennent les mains comme pour former une ronde et voilà les tout petits qui s'agitent dans leurs impuissance de se lever, et les plus forts, qui sont debout sur leurs petites jambes, se prennent par la main et tournent autour de Pierre et de Marie en disant : « Aimons ! dansons ! et ils tournent plus vite, sautons ! et en riant, en criant ils se baissent, se relèvent plus vivement, les plus petits aidés par les plus grands... Ensuite ils disent : « Chantons !... et ils chantent : Gai ! Gai ! le soleil ! il fait mûrir le blé ! il fait fleurir, fait fleurir les prés ! Il fait le gazon, il fait le doux gazon ! où doux est s'asseoir ! où doux est s'asseoir. »

A peine ont ils dit : « *Où doux est s'asseoir* » que les voilà assis... qui par terre... qui sur sa chaise.

Marie et Pierre ne sont plus au milieu ! ils sont à gauche, graves ! sérieux ! en grande conversation ! on le voit à leurs gestes !

... Marie parle à Pierre, lève sa main, compte ses doigts !... Ils se parlent ! se reprennent sérieusement, s'applaudissent parfois !... et voilà que Maurice prend place au milieu de ses petits camarades et, gravement assis sur son petit fauteuil, il dit : J'ai cinq doigts dans ma main droite, et toi, Lucette !... Dix répond Lucette !

— Et toi Georgette ?... cinq dit-elle.

— Ah ! bien dit Maurice ! Combien de doigts dans tes deux mains, Armand ?

— Armand réfléchit et dit : cinq dans ma main droite ! et il lève sa main droite ! cinq dans ma main gauche... et il lève sa main gauche ! cela fait dix doigts !

— Bien ! dit Maurice.

A toi, Rose ! montre ta main droite !... l'enfant lève la gauche !

— Maurice secoue négativement la tête et dit : A toi Lucien.

— Lucien triomphant lève sa main droite et dit : Papa céleste ! baiser ! — Parfait Lucien ? A toi le *prix* !

— Qu'est ce qu'un *prix* ! bégaye Allan ?... Tous s'arrêtent surpris — Je ne sais pas, dit Maurice !

Comment ? dit Lucien : tu as dit : A toi le *prix* !

— C'est vrai ! dit Maurice !... J'ai entendu dire cela à ma sœur, et je l'ai dit. — Il faut savoir dit Allan ! et grave, il va vers Marie et Pierre auxquels il dit : Qu'est-ce qu'un *prix* ?

— Tu le sais, dit Marie — Allan triomphant : Oui ! Qui te l'a appris ? — A son tour étonné, il réfléchit et dit : *Baiser ! prix ! récompense...*

Est-ce tout ?... Il réfléchit encore et dit : Oh ! rien que cela !

Pierre dit alors : poupon, chien, chat, voiture, balle, seau ! tout cela *prix ! récompense !*

Oh ! dit Lucien ! rien pareil à *baiser ! amour !* Papa céleste ! baiser !... Papa, maman spirituels ! baiser !... Papa maman terrestres, baiser ! baiser !... et de ses petites mains il envoie des baisers à Papa céleste ! à papa et à maman spirituels !... a papa et à maman terrestres !

— Bien ! bien ! dit Allan !

— Marie encore étonnée, dit : Qui t'a appris cela ?

— Celui qui t'apprend la nuit quand tu dors ! le jour, quand tu travailles !... Papa et maman spirituels ! Ils sont là ! je les vois !

Marie s'agenouilla ! *Papa céleste, dit-elle, Donne*

à tout Papa et maman spirituels et terrestres ! à frères et sœurs spirituels et terrestres pain du cœur, pain de l'âme ! Donne à ces petits, o Papa céleste ! pain du cœur, pain de l'âme ! »

J'ai interrompu ces petits discours... Pourquoi ?... je ne sais pas. « Douces voix qui me parlez ! Dieu permet-il que vous me le disiez ?

Les douces voix d'amour qui, quand elles me parlent m'enveloppent de fluides bien doux, bien pénétrants, me dirent :

Il faut prier, chanter, danser... mais peu chaque chose.

— Un quart d'heure, dis-je ?

— Oui ! cela suffit.

L'heure du goûter est venue, c'est à dire le biberon pour les tout petits.., la bouillie, le potage pour ceux qui sont sevrés... c'est ce qu'ils prennent jusqu'à 18, 20 mois... puis c'est la petite tartine de confitures, de gelée, de jus... selon ce qui est préparé pour le jour, car chaque jour, soupe ou potage ou bouillie nouvelle... tantôt la farine blanche, le vermicelle, la soupe, la farine jaune, le gruau, l'orge mondée... au lait, au bouillon gras dégraissé, au beurre et à l'eau... Tout cela se fait méthodiquement, régulièrement sans peine et une petite croûte à la main pour mâchonner quand les dents font mal...

Mères bien aimées, sœurs bien aimées qui aurez envie de nous apporter quelques friandises... apportez-nous l'argent de vos friandises... la friandise gâte le cœur et l'esprit de celui qui n'a rien comme de celui qui a. Vous le savez, donner est un bonheur

qui réchauffe le cœur et agrandit l'esprit,.. Or,
comme moi, vous le savez aussi : *plus on a de be-*
soins, moins on aime la vie et moins on aime donner.

Quand vous viendrez voir nos bébés, vous met-
trez un baiser sur leur front, et dans *le tronc pour*
la crèche, de quoi en créer une nouvelle ! Et Dieu
bénira vos efforts et les petits bébés sauront dire
pour vous : *Papa céleste ! baiser à Toi pour elle !*
pour lui !

28 avril.

Aujourd'hui, je me suis assise pensive ! mes
bébés dormaient ! D'un regard je les suivais tous
en leur sommeil ! Marie et Pierre aussi dormaient
le front penché sur leur petite table.

A mon insu,... comment cela se fit,... je ne sais !
Mais je vis une forme d'enfant ! 3 ans ! Il était radieux ! et me dit : Mère ! Mère ! Bien des fois de ce
doux nom, je t'ai nommée ! et jamais tu n'en as
compris la douceur ! Aujourd'hui, Mère aimée, ton
âme est préparée ! Ecoute :

Ces 7 petits bébés que l'amour pour toujours lie
à toi, sont 7 enfants d'une vie passée ! Bien des
pleurs ont sillonné leurs joues parce que leur mère
n'a compris son devoir !

Dans sa bonté divine, Dieu donne à toute femme
de réparer le passé. Dans l'immensité des mondes,
il n'est point de sein stérile ni de cœur desséché !
Le Père d'amour ! notre Père à tous ! à profusion,
sur les mondes innombrables, répand la douceur de
l'amour.

De même que la plante précède l'arbuste et que l'arbuste précède l'arbre géant ! de même que plante, arbuste et arbre géant grandissent sous les tempêtes qui brisent et détruisent, de même tout cœur d'enfant, tout cœur d'homme ou de vieillard grandit et se développe sous les tempêtes humaines ! Les tempêtes humaines sont tempêtes bénies ! elles effacent la trace des désastres qu'elles ont causés !

O Mère ! regarde ! L'œuvre de Dieu à toi se révèle en ces tout petits ! Interroge ton bon Ange ! Il attend ton appel.

J'avais le cœur ému ! serré ! Pourquoi ? je ne sais ! mais d'un effort suprême : « O mon Père ! o mon Dieu ! fais que mon bon Ange me parle ! »

Comme l'éclair d'Orient en Occident paraît, je vis ! je vois encore deux regards d'amour qui m'enveloppaient ! et une voix dont jamais je n'oublierai la douceur me dit : Regarde Allan !

Vers l'enfant se tourna mon regard ! Il était pâle, haletant ! il suffoquait et disait : « Papa céleste ! donne ! oh donne à maman le pain du cœur, le pain de l'âme ! Papa céleste ! elle est faible maman ! donne lui son soutien, son bon Ange ! le mien, le nôtre à tous aussi !

Et je vis l'éclaircie devant moi grandissante ! et dans cette lumière 7 beaux enfants, beaux comme mon bon Ange ! Ils chantaient ! De tout leur chant ceci seulement j'ai retenu : « O notre Père ! o notre « Dieu ! donne à ces tout petits et à leur mère, la nôtre, le pain du cœur, celui du corps afin que sa

tâche jamais ne la rebute, car c'est forte tâche o
Père, que laver, langer, caresser, et instruire sept
petits enfants de ton toit ! le ciel ! sur son toit tom-
bés. O Père céleste ! fais que les Pères aiment les
enfants et leurs mères ! »

Un silence se fit ! Aux quatre coins du ciel, des
splendeurs brillèrent et, de toutes ces voix qu'en
son éblouissement la terre entière comprit, *une
voix !* par dessus toutes, se fit entendre ! *Par dessus toutes elle était douce ! par dessus toutes elle
était forte !* Voici ce qu'en son silence la Terre entendit :

« O Père ! Paix à la Terre ! Elle comprend au-
« jourd'hui ! Le grain a germé qu'en ton aire j'ai
« amassé ! le temps de la moisson est venu !.., bé-
« nis-là ! Depuis les siècles le laboureur attend le
« jour béni où tout enfant, sur terre, aura avec sa
« mère, un père d'amour aussi ! »

Et dans l'immensité du ciel bleu parsemé d'é-
toiles, une blanche éclaircie se fit ! Elle était brillante comme les rayons argentés que la lune, en
une belle nuit d'été, répand tout à l'entour de la
Terre silencieuse.

Sur cette éclaircie deux mots se lurent : *Code humain !* d'or et d'azur ils étaient écrits.

La Terre entière entendit et vit ! et l'homme en
son réduit de chaume ou sous son toit de marbre lut !
put lire : *Code humain ! Testament d'amour donné
par un cœur de Père à toute Mère d'amour.*

Ce Père, c'est le Christ ! La Mère, c'est toute femme qui reçoit comme sainte la tâche d'élever son enfant ! d'aimer tous les enfants!

Aimez l'enfant, o hommes, o femmes ! De tout ce que votre âme en sa passion aspire, de tout ce qu'elle désire en ses ambitions folles, rien n'équivaut pour vous le doux bienfait qu'apporte l'humble Esprit sous votre toit reçu, pour que ces tout petits, par l'amour apportés, grandissent et se développent sous votre aile protectrice.

O mes bien aimés ! Le fruit d'amour humain à votre amour donné n'est pas un fruit qu'un vent d'orage emporte ! C'est le fruit de vos cœurs liés par l'amour, c'est le fruit de vos esprits unis par la raison !

A l'animal Dieu donne les fruits du corps ! à l'homme, Dieu donne les fruits des cœurs et des esprits.

Aimez l'union des cœurs et celle des esprits conscients des doux devoirs ! et vous serez libres, o hommes mes frères ! et sous vos toits retentiront les chants d'amour ! car l'amour seul fait libre et courageux pour la tâche que l'amour multiplie sous l'œil du Père qui veille au toit de l'homme comme au nid de l'hirondelle.

29 avril.

Mères et enfants que j'aime ! cette heure est la dernière que je consacre à nos doux entretiens !

Ecoutez donc les derniers enseignements de cet ouvrage béni où toutes les forces qui, d'en haut, soutiennent les mortels, ont répandu le parfum de la tendresse divine !

Souvenez-vous bien de cela : *Tout ce qui n'est pas en accord avec amour, justice, pardon est faux ! ne vient pas de Dieu ! c'est-à-dire n'a pas le sceau du divin !*

Le divin est en l'homme ! mais de même que la pierre précieuse ou le mince filon d'or enfouis dans la fange n'en peuvent sortir qu'après des efforts multiples, ainsi la perle fine enchassée dans le fond de son cœur n'en peut sortir que par ses efforts sur lui-même, efforts qu'il ne peut entreprendre que quand *lasse de souffrir, lasse des perspectives de la superstition ou des désespérances du néant, son âme aspire ce que sa raison peut accepter sur les devoirs qu'il lui importe de remplir et sur les droits qu'il lui importe de posséder* pour se tirer du bourbier d'infamies que le présent révèle ! et pour se mettre en harmonie avec les pures aspirations de son enfance.

Hors l'amour du prochain ! hors la foi en Dieu il n'y a aucune règle, aucun frein aux passions humaines ! aucun frein à l'esprit d'orgueil et de domination ! aucun frein aux débordements qui font du père, de l'ami, du frère, de l'époux l'ennemi né de la femme et de l'enfant.

Le respect à la femme et à l'enfant, c'est l'équilibre social cherché en vain ! c'est l'endiguement à tout arbitraire ! c'est enfin le principe républi-

cain en sa pure expression : *Liberté* ! *Egalité* !
Fraternité !

Vous méditerez ces paroles, et si en elles quoi
que ce soit vous semble *contradictoire au droit, au
juste ! au vrai ou au bien,* je prierai les âmes d'a-
mour qui m'inspirent de me donner plus et mieux.

O homme ! *Tu ne jouiras de droits réels que
quand ceux de la femme et de l'enfant seront sa-
crés, devant la loi et devant toi ! et si les tout petits
trouvent justice et soutien devant la loi et devant
toi, tes fils et toi vous aurez droit, justice et soutien devant la loi et devant tous !*

DEUXIÈME PARTIE

Bonnes Mères qui me lisez, vous savez que la force d'amour qui me lie à ces enfants, les vôtres, les miens, C'est Dieu ! Dieu Amour ! Lui, qui dans sa tendresse infinie, donne à tout fœtus de naître, grandir, se développer sous la douceur d'un baiser, d'une caresse.

Quelques secondes, quelques heures, quelques jours ou quelques mois suffisent à la tâche maternelle chez l'animal, mais la tâche maternelle humaine dure toute la vie quand le sentiment du devoir anime la mère. Que l'homme ait 30, 40 ou 50 ans, il trouvera toujours refuge et soutien en cette mère, comme en elle il trouva refuge et soutien de son premier jour à ses 20 ou 30 ans !

L'être humain est donc un être qui ne peut vivre et se développer qu'aux inspirations de *l'amour dont la loi, fille du Père de tous les êtres*, le lie par le devoir à tous ses semblables ! Son éducation est donc sans arrêt du jour où son regard distingue, où

sa bouche articule un son, à celui où son corps
demeure inerte ! et, s'il ne médite, pense et agit en
dehors de ses besoins matériels !... ses actes et ses
paroles pourront devenir ceux d'un insensé s'il se
met en désacord avec la Nature, sa mère ! dont la
loi étant l'Amour s'impose à chacun de ses êtres,
mais en rapport de ses facultés.

Cette loi d'amour, chez l'animal, se borne à
l'union des corps, sans autre règle ni mesure que
celles de l'instinct ! Chez l'homme, *la loi d'amour
est la loi morale qui lui impose le contrôle de ses
actes envers lui et envers autrui ! loi divine qui
l'oblige à la loi du travail qui en découle.*

Bonnes mères ! sous l'œil du Tout Puissant qui
nous donna la vie ! sous l'œil des Protecteurs bénis
dont la tâche est d'élever les mères pour élever les
enfants, nous allons étudier les obligations qu'imposent à l'homme la loi d'amour et celle du travail.
Ces lois sont en rapport de nos besoins et des efforts
auxquels nous appellent la sainte loi du progrès et
la devise républicaine : *Liberté, Égalité, Fraternité !*

En ces trois mots est exprimé le *désiderata de
tous les cœurs droits, de tous les cœurs français.*
C'est le nôtre.

4 mai.

Ce soir une pauvre égarée s'en allant de maison
en maison s'est aventurée dans notre deuxième.
Madame, a-t-elle dit : Je veux un enfant.

— Pourquoi faire, lui dis-je ?

— Pour lui donner un baiser.

— Tous dorment, mais au réveil, je donnerai votre baiser à tous.

— O Madame, merci. Et moi, pourrai-je un jour leur donner mon baiser ?

— Oui ! Demandez à Dieu !

— Oh ? Dieu s'occupe-t-il de cela ?

— Mon enfant ! De qui la Mère reçoit-elle l'amour qui la lie à l'enfant ?

— De la *Nature*, Madame !

— Alors, toutes les Mères aiment leurs enfants ?

— Oh non ! Il en est d'indignes ! bien indignes !

— Pourquoi en est-il d'indignes ?

— Je ne sais !

— Et bien, mon enfant, toutes les mères indignes ne sont pas *filles de la Nature*, mais de l'*Esprit du mal.*

— C'est vrai, Madame.

— Donc, *la Nature ne donne que les corps*, essen ce de son essence !

— Oui, Madame !

Si donc l'*Esprit du mal* détourne du devoir, d'autres *Esprits, de bons !* doivent tourner au bien.

— Je ne sais pas, Madame.

— Si ! vous savez ! car tous les êtres ne sont pas animés de l'*Esprit du mal.*

— C'est vrai, Madame.

— Donc, de votre propre aveu, il y a des *Esprits* bons et il y en a de *mauvais.*

— C'est vrai !

Or, comme *tous les corps sont de même essence*, tous les *corps sont fils de leur Mère, la Nature... tous ont les mêmes besoins : vivre : boire, manger, dormir.*

— C'est vrai, Madame !

— Et comme *tous les esprits sont loin d'être semblables, ils doivent leur principe à une autre essence, essence spirituelle dont chaque être s'assimile ce qui lui est semblable*

— C'est bien vrai !

— Or, *la bonté, la vertu, le vice, la haine, ont donc une même essence pour principe : l'esprit !*

— C'est vrai, Madame ! mais bien grandement dissemblable !

— C'est ainsi, mon enfant, mais vous savez bien qu'en cet ordre, l'effort accomplit ses prodiges ! car non seulement *l'homme est doué de la pensée* mais *du sens de la raison.*

— O Madame, c'est juste ! Tout homme pense, raisonne, agit ! La pensée n'appartient pas à la matière ! car si je pense, ce n'est pas *mon corps qui pense* mais qui obéit à mon esprit qui commande quand il le veut.

— Dites, que faut-il pour qu'il le veuille ?

— Madame ! il lui faut le sentiment d'un besoin.

— Tous ont-ils les mêmes besoins ?

— Oh non ! Madame ! Tous *les besoins sont en rapport des vertus et des vices.*

— Donc, malgré ces dissemblances, *les corps se ressemblent tous en plus beaux, en moins laids ?*

— Oui, Madame !

— Mais *tous les corps, qu'ils soient beaux ou laids ne sont pas beaux parce que les esprits sont bons ! ni laids parce que les esprits sont vicieux !*

— C'est vrai, Madame !

— Ce n'est donc pas la matière qui fournit la pensée, le vouloir.

— Non, Madame ! C'est quelque chose, ou plus fort ou plus faible qu'on appelle *raison* ! chose à laquelle on se rend plus ou moins ou à laquelle on refuse de se rendre.

— Donc, mon enfant, *matière* et *esprit* ont des principes bien différents et qui ne se ressemblent en rien. *La volonté c'est l'homme !* L'homme fait le bien ou fait le mal en rapport de ses goûts, de ses vouloirs, de ses désirs ! et *si ses vouloirs ou ses désirs sont contraires aux lois de la Nature*, la raison les condamne.

— C'est vrai, Madame !

— Et bien ! Si la raison *condamne les infractions aux lois de la Nature, c'est que la raison a puissance de diriger la matière.*

— Quelles sont les lois de la matière, Madame !

— Elles sont assemblage, combinaison des corps de la Nature. L'aimant attire le fer ! Tous les corps s'attirent, qu'ils soient organiques ou inorganiques, plantes, minerais, gaz, liquides !

L'animal s'accouple, l'homme se choisit ! il se soumet, c'est-à-dire il accepte telle loi, tel régime... il propose tout à sa délibération !... et notez bien ceci, sœur bien aimée, *ce ne sont point les saintes lois de la Nature, sa mère, qui pèsent en les déter-*

minations qu'il veut faire légales, mais c'est tout ce
qui peut lui assurer tels ou tels droits ! bien être !
honneurs !

Les désunions familiales ont pour cause la réunion
d'êtres dissemblables en aspirations, en désirs ! Un
beau nom, une riche dot, beaucoup de savoir acquis
au prix de bien des veilles sont impuissants pour
assurer au foyer familial les douces joies que
procurent *amour et raison*.

— O madame ! c'est bien vrai ! Tout le prouve !
La matière est *une* en ses aspirations ! et si la
raison ne les concilie, tout est piège et cause de
souffrance pour l'homme.

O mon Dieu ! *Toi qu'on nie ! Toi ! principe puis-*
sant de qui l'homme reçoit le bienfait de la vie,
celui de la pensée. Toi ! de qui nous aspirons la
force qui commande à toutes les lâchetés que
condamne la raison ! lâchetés qui font l'homme vil
à ses yeux et aux yeux de tous ! lâchetés nées de
ses vices d'orgueil qui lui font préférer l'or, les
honneurs, les jouissances grossières aux pures joies
que procurent l'amour *et le travail,* joies dont la
Nature nous montre le tableau et nous donne
l'exemple !

O Madame ! *L'homme se crée des lois sur le pur*
idéal qu'il caresse et que la nature lui montre !
Amour ! Travail ! tout se résume en les lois de la
Nature comme en les lois humaines ! et *il n'y a de*
digne de blâme en l'homme que ce que contredisent
ses lois et celles de la Nature.

CHANT DE DELPHINE

—◆◇◆—

Sur mon sein j'ai bercé
　　Caressé
Un fils bien tendrement aimé !
Bien cruellement bafoué !

　　Tourne aiguille des temps !
　　Tourne vivement !

Pour apprendre l'amour
On gémit ici-bas
Des rigueurs de la haine
Que l'on a infligées

　　Tourne ! tourne aiguille,
　　Tourne vivement !

O Père céleste, o Père Amour
Donne à tes petits enfants
　　Amour ! baiser !
Pain céleste ! pain du cœur !

O aiguille, tourne !
Et qu'à chacun de tes tours
Mon âme dise toujours
Papa céleste, donne ! donne amour !

O Père Amour ! donne la pensée
Car c'est le pain céleste
C'est le doux pain de l'âme !
O Père Amour, donne ! donne !

Tourne aiguille ! tourne !
En m'apportant toujours
Pain du cœur, pain de l'âme
Amour ! baiser ! pensée !

O Père céleste, o Père Amour !
Donne ! donne ! toujours !

J'ai fini mon refrain et mes petits enfants chantent encore leur doux chant : Donne ! donne ! donne toujours !

Le soleil s'est couché tard, ce soir ! et dans son berceau j'entends Allan dire dans son rêve : Papa céleste, donne ! donne ! à Papas et à mamans spirituels et terrestres, le pain du cœur, *baiser !* le pain de l'âme, *pensée* Papa ! o petit Papa céleste, donne à tous comme à eux ! comme à nous !

7 mai.

Mère ! donne moi ton doux baiser ! c'est mon doux pain céleste ! o Mère ! donne ! donne !

— Qui donne le baiser à maman, mon Pierre ?

— Papa céleste ! Lui ! c'est le Père de tous ! c'est *Dieu Amour !*

— Alors mon bien aimé, qui est-ce qui, par la mère donne le baiser à l'enfant ?

— C'est Dieu ! Père céleste !

— Alors, à qui dois-tu demander pour ton père et ta mère spirituels et terrestres le pain du cœur, le pain céleste : *baiser ! amour ! pensée !*

— A notre père, Dieu Amour.

— Demande !

L'enfant leva bien haut ses mains et dit en envoyant un baiser au ciel : Papa céleste ! donne à papa et à maman spirituels et terrestres, le pain du cœur, *amour, baiser !* le pain de l'âme ! *pensée !* O Père, donne ! donne !

— Bien dit la Mère en son doux baiser maternel. Est-ce tout ce dont Pierre a besoin ?

L'enfant songea et dit: Papa céleste ! Papa
Amour, Dieu ! donne à papa et à maman terrestres
le pain du corps, *santé ! travail !* afin qu'ils donnent
chaque jour à leurs petits enfants, le *pain du cœur*,
le *pain de l'âme* : Amour : pensée ! et le *pain du
corps*, pain, vin, lait, beurre, œufs, chauds vêtements, petits berrets, belles gáloches..., O Père
Amour, Dieu ! donne ! donne ! donne !

Puis l'enfant envoyant un long baiser au ciel, dit :
A Toi ! pour Toi ! Papa céleste ! à vous, Papa et
maman spirituels ! et, cachant sa tête dans le sein
de sa mère, il dit : A toi, maman terrestre ! à toi,
papa terrestre !

— Où est papa, Pierre !

— Papa travaille.

— A qui pense papa ?

— A Pierre.

— Pour qui travaille papa ?

— Pour Pierre !

— Tous les petits Pierre ont-ils des papa et des
maman spirituels et terrestres ?

— Tous les petits enfants ont des papa et des
maman spirituels, comme Pierre ! mais tous n'ont
pas des papa et des maman terrestres comme moi !

— Que leur manque-t-il?

— Tout ! dit l'enfant songeur ! Quand on n'a point
de papa et de maman terrestres, on n'a pas ce qu'ils
donnent?

— Alors on a froid, on a faim, on a soif?

— On peut n'avoir ni froid, ne faim, ni soif quand
on n'a ni papa ni maman terrestres, mais il manque

toujours le pain du cœur *amour, baiser !* et le pain de l'âme : *pensée !* On est bien malheureux alors ! O maman ! il faut tout demander pour les enfants orphelins !

— Demande ⌐

— L'enfant dit : Papa céleste ! Papa Dieu ! Père Amour pour tous ! donne aux petits enfants tout ce que tu me donnes ! Donne en plus à papa et à maman spirituels et terrestes, *amour ! pensée !* pain du cœur et de l'âme pour les petits enfants qui n'ont ni père ni mère ! O papa céleste, donne ! donne ! Et à nous, Papa céleste, donne-nous *amour, pensée,* pain du cœur et de l'âme pour les petits bébés, comme pour nos petits frères et pour nos petites sœurs O Papa céleste ! donne ! donne !

L'enfant se tut ! puis il reprit ;

O Papa céleste ! donne à Papa et à maman terrestres et spirituels, amour, baiser ! pour petits enfants sans père ni mère afin qu'auprès d'eux et de nous, ils trouvent père, mère, frères et sœurs, et que rien ne leur manque ! O Papa céleste, donne ! donne !

Dans ce moment on frappait à la porte ! Une pauvre femme entra ! Un enfant bien pâle était en ses bras ! Des sanglots étouffaient sa voix, elle dit : Madame ! le père de l'enfant est mort ! plus rien pour nous soutenir ! Oh, aidez-nous !

Pierre écoutait ! il regardait la mère et l'enfant ! il dit : *Papa céleste ! à toute mère donne comme à maman ! à tout enfant donne comme à*

moi ! O Papa amour, donne ! donne pain céleste !
pain du cœur et de l'âme ! amour ! baiser ! pour elle
et petit frère ! Et ses bras se tendirent vers l'enfant ! et leurs mains se pressèrent et leurs visages
se touchèrent !

O vous qui vîtes cela, vous avez pu juger *que
l'homme n'est pas froide matière, mais que tout
vit, tout pense en une âme d'enfant auquel pour
être un homme il manque un corps formé ! tandis
qu'à l'homme pour être un homme il manque une
âme d'enfant dont son orgueil et ses vices étouffent
la voix*

Etudiez l'enfant ! et dites vous qu'en lui faisant
entendre la voix de l'amour et celle du jugement,
il deviendra sans peine un homme sage et bon,
juste et vrai ! ignorant du mal que vous semez à
pleines mains ! poison vénéneux qui d'une âme pure
fait une âme sordide qui *se renie dans le bien et le
devoir pour s'affirmer dans le vice, dans tous les
vices de l'orgueil et de l'avarice contre lesquels
l'homme semble s'armer !*
Pour vaincre ce qui s'oppose aux progrès désirés !
pour abattre ces tours élevées par l'orgueil, et détruire les erreurs qui, d'hommes frères font des
races ennemies, pas tant n'est besoin de jactance !
de volumineux écrits sur le droit, sur l'erreur ou le
juste ! il vous faut simplement reconnaître ce que
votre âme crut à son âge d'enfant ! *Croire à Dieu !
à l'amour, à la justice qui font doux tous les devoirs, et font saints tous les droits.*

Aimez ! semez l'amour et la foi et non la haine, l'envie, la jalousie, le vice ! et vous vaincrez tout mal sur terre, et pour *conduire la Terre une main suffira ! une douce main d'enfant !*

Oui ! une main d'enfant est seule apte à porter un sceptre ! car à Dieu, l'enfant reconnaît toute force puisque sa loi est amour !

Aimez l'amour ! cultivez-la en tout autour de vous ! et vos pleurs se sécheront, et la douce rosée, le pain du cœur, le pain de l'âme ne défaudra à nul sur terre ! car l'amour, pain du cœur sera en toute famille avec le *pain de l'âme* fruit *des efforts de l'homme, acquis de tous ses jours*, acquis dont l'expression se résume en ces mots : *Liberté ! Egalité ! Fraternité !* qui à leur tour résument ce sublime enseignement : « *Aime Dieu ! par dessus tout ! Aime ton semblable comme toi-même !* »

30 mars.

Mère ! dis pour moi cette prière : *O Père céleste ! que ta sainte volonté s'accomplisse ?*

— Bien, mon enfant ! Que demander par cette prière ?

— Je ne sais pas !

— Comment ! tu ne connais pas ton besoin ?

— Non, Mère ! tu penses à tout !

— Ma bien aimée, que te manquerait-il si je n'existais plus !

— Ton baiser me manquerait, Mère ! car il me pénètre de ta tendresse ! il complète tous tes bienfaits !

— Les rend-il plus doux ?

— Non ! mais il m'apporte une douceur que nul que toi, à moi ne peut donner.

— Pourquoi, ma fille ?

— Parce que tout ce qui émane de toi est le fait de l'amour ! parce que l'amour seul t'inspire et te guide avec moi ! parce que je sais bien que tu m'aimes et que nul autre ne peut m'aimer comme toi.

— Suis-je seule à t'aimer ?

— Oh non ! mon petit père aussi !

— T'aime-t-il moins que moi ?

— Il m'aime autant que tu m'aimes, Mère ! vous êtes égaux pour moi !

— Qu'est ce qui nous différencie à tes yeux ?

— Lui ! c'est la tendresse grave et parfois sévère ! elle est bonne cette tendresse !

— Quoi encore ?

— Lui ! c'est l'ami, le frère aîné qui réjouit son petit frère !

— Est-ce tout ?

— Lui ! c'est un Père comme tu es une Mère ! c'est à dire, il est Père ! car comme toi, il fait sa vie de tout ce qui m'est nécessaire.

— Nous y voilà, mon enfant. Qu'est-ce qui t'est nécessaire ?

— O Mère ! en l'absence du soleil ton regard est doux !

— Et puis ?

— En présence du soleil, ta prière est douce !

— Et puis ?

— Mère ! aussitôt que mon œil s'ouvre, mon besoin se fait sentir !

— Lequel ?

— La faim !

— Alors ?

— Mère ! si je suis joyeuse à mon réveil et si je chante ou si un cri s'échappe de ma poitrine tu es là, toujours là, prête à répondre à mon besoin.

— Oui, enfant, c'est ainsi ! Mais suis-je seule à entendre ton appel joyeux ou triste ?

— Mère ! je sais ! Il y a le Père ! notre Père !

— Comment ! te répond-il ?

— O Mère ! quand je l'appelle, il m'entend toujours ! je le sens bien !

— Autant que moi ?

— Autant que toi !

— Alors, ta mère peut disparaître ?

— Mère ! toi et moi nous somme inséparables !

— Pourquoi ?

— Parce que l'enfant est un fruit qui ne peut mûrir que sur un sein de mère !

— Dis-moi, enfant, qui prend soin de ton père et de ta mère qui n'ont plus de sein paternel et maternel ?

— Ils ont le Père céleste qui les porte !

— Bien ! Alors ils ont le Père pour Père ?

— Et oui !

— Alors si la volonté suprême ! la volonté divine et paternelle retire le père et la mère... que devient l'enfant ?

— L'enfant resta songeuse !... Il reste le Père, dit-elle.

— Quel Père ?

— Le Père de tous ! le Papa céleste !

— Et bien ! demande-lui ton nécessaire.

— Je ne le connais pas.

— Si ! tu sais ! cherche !

— Mon chocolat, mon potage, ma bouillie, ma soupe.

— Bien ! alors demande, et tu auras !

— L'enfant dit : O Père donne-nous le nécessaire pour nourrir le corps.

— Pour qui demandes-tu ?

— O Mère ! pour toi ! pour papa ! pour moi !

— Bien ! Est-ce tout ?

— Oui, Mère !

— Alors si le père et la mère de Lisette viennent à manquer, qui donnera à la petite Lisette ?

— Je ne sais pas !

— Cherche !

— Oh ! mais je ne sais pas ! Je t'aime ! j'aime papa ! par ce que nul pour moi ne peut vous remplacer.

— Alors, pauvre petite ! si nous étions méchants ! qui aurait soin de toi ?

— Personne !

— A qui demanderais-tu ?

— Je ne sais pas !

— Cherche !

— Oh ! je suis un tout petit enfant, je ne suis capable de rien ! j'ai besoin de toi, de papa ! sans vous je ne puis vivre !

— Pourquoi !

— Parce que en dehors de son père et de sa mère, l'enfant n'a nul qui s'intéresse à lui.

— N'est-il donc pas digne de compassion ?

— Si, Mère ! mais un enfant c'est une grande charge et il y en a beaucoup qui ne peuvent nourrir les leurs comme tu me nourris ! ni les soigner comme tu me soignes ! ni les aimer comme tu m'aimes !

— Et bien, tu connais tes besoins ! définis-les maintenant !

. J'ai besoin d'une mère qui m'aime, me soigne, me caresse, *m'apprenne mon devoir en m'apprenant mes besoins.*

— Quel est donc ton devoir ?

— O Mère ! *c'est demander pour tout enfant un père, une mère qui puissent l'aimer, le soigner, le nourrir, le vêtir, l'abriter et l'instruire.*

— Et quoi encore.

— O Mère ! c'est demander une main d'amour comme la tienne pour le pauvre petit qui n'a plus de mère !

— Quoi encore ?

— Beaucoup d'amour, beaucoup de courage au Père et à la Mère de l'enfant.

— Est-ce tout ?

— Et à leur défaut, un toit hospitalier où il trouve un père ! une mère ! un frère ! une sœur !

— Quoi encore :

— O Mère ! beaucoup d'amour et de docilité au petit enfant, orphelin ou non, pour remplir tous ses devoirs.

— Quels sont ses devoirs ?

— Etre bon ? travailleur ! aimable et content.

— Pourquoi content ?

— Parce que rien ne manque à l'enfant qui aime Dieu et le prie pour tous ! C'est bien là mon devoir, Mère ?

— Oui, mon enfant ! *Le premier devoir c'est la reconnaissance à Dieu le Père céleste ! c'est la reconnaissance à ses parents terrestres ! c'est enfin l'amour pour tous !*

— Quelle sorte d'amour, Mère ?

— C'est l'*amour fraternel !* car il fait que quand l'on demande pour soi on demande pour tout enfant ! et que quand on demande pour son père et sa mère, on demande pour tout père et toute mère de famille !

— Je comprends, Mère ?

— Et bien prie maintenant !

L'enfant joignit ses petites mains et les élevant bien haut dit avec tout son cœur : « *O Papa céleste ! donne à nos Papas, à nos mamans spirituels et terrestres, le pain du cœur, le pain de l'âme ! et rien ne leur manquera ! Donne en plus à nos Papas, à nos mamans terrestres la santé au corps ! le travail chaque jour, pour que chaque jour ils aient pour suffire à leurs besoins, aux nôtres !*

8 avril.

Il y a là un enfant de 15 mois, un autre de trois ans, un autre de cinq ans ! ce dernier est pâle, souffreteux ! il gémit ! il se tord et il dit : Aide-moi, o Mère ! Je vois les grosses mains de mon père levées sur moi ! Sous son regard, le mien se baisse épouvanté ! N'as-tu pas ! n'as-tu plus la force de prier ?

— Oh ! vers Dieu et vers l'enfant toujours est le cœur des mères !

— Alors pourquoi tant de souffrance à moi ?

— Parce que tu as fait souffrir.

— Combien de temps durera cette souffrance ?

— *Tout le temps nécessaire à ton cœur et à ton esprit pour qu'ils se pénètrent de la souffrance de l'être malheureux qui t'accable.*

— Comment ! Mère ! C'est lui que tu plains !

— Il fut l'accablé ! il a besoin de ton soutien.

— Mais c'est lui qui m'accable !

— Oui ! en cet instant ! mais dans le passé, ce fut toi ! *Dieu, dans sa bonté, nous ôte la mémoire du passé afin qu'il ne nous accable et ne nous paralyse en nos efforts.*

— Mais, la souffrance paralyse !

— Mon enfant ! *la souffrance nous rappelle au sentiment du devoir.*

— Lequel.

Celui d'implorer de notre Père céleste, *la force pour supporter, l'amour pour combattre ! l'intelligence pour comprendre !*

— Comprendre quoi, Mère ?

— *Les lois de Dieu.*

— Moi, si petit, puis-je connaître la loi pour n'y pas manquer ?

— *Tu le peux ! car chacun de nos manquements est une cause de souffrance en cette vie ou en une autre !*

— Ce n'est pas juste !

— Pourquoi n'est-ce pas juste ! Tout dans la Nature ne progresse-t-il pas ? ne suit il pas un développement régulier ! tout ne porte-t-il fruit sous l'effort d'un labeur ?

— Oh, si, Mère !

— Et bien ! mon enfant, cela est ainsi parce que *la loi du travail est la loi de la Nature !* Le laboureur cultive pour recueillir le fruit de son travail ! En cultivant la terre, il travaille pour ses besoins matériels et, quand ses besoins matériels sont satisfaits, il doit en satisfaire d'autres.

— Lesquels Mère ?

— Cherche !

— Moi ! Mère, quand ma faim est satisfaite, que mon vêtement est chaud ou léger, selon la saison, et que je puis dormir tranquille près de toi, j'ai tout ce qu'il me faut.

— Tu crois cela ?

— Mais oui ! Quand je t'ai, rien ne me manque !

— Cependant, mon enfant, toute main peut te donner le pain, le vêtement et l'abri !

— Toute main peut me donner cela Mère, mais ta main, à tout cela, ajoute un bienfait sans égal pour moi.

— Comment ! sans égal ! mais ne pourrais-tu être convenablement rassasié et couvert, et bien à l'abri dans ton bon petit lit ?

— Si, Mère ! mais j'oubliais de dire *que de ton cœur qui m'aime j'ai bien plus grand besoin que de quoi que ce soit dont mon corps a besoin.*

— C'est vrai, enfant ! *Si donc le cœur de la Mère est nécessaire à l'enfant, c'est que ce besoin est dans la Nature et*, tu le sais, la Nature ne donne rien sans labeur.

— Oui, Mère !

— *Si donc selon toi, les besoins du cœur sont aussi et plus impérieux que les besoins du corps*, il est nécessaire d'apprendre à y pourvoir.

— Mère ! je n'ai jamais pensé à cela !

— Et bien, pensons-y tous les deux, et dis-moi pourquoi je suis capable de satisfaire aux besoins de ton corps et à ceux de ton cœur ?

— C'est que tu as des sentiments naturels

— Qu'est-ce qu'un sentiment naturel.

— C'est celui dont, en tout, la Nature nous montre l'exemple !

— Cites-en un.

— La chatte aime les petits qu'elle vient de mettre bas.

— Continue !

— Tout animal, tout insecte aime ses petits ! L'oiseau aime les siens ! et pendant que la femelle couve ses œufs ou réchauffe ses petits, le mâle cherche le grain pour donner la pâture à la mère et aux nouveaux éclos. Donc, comme tu le dis, Mère ! *l'amour et le travail* sont des lois de la Nature.

— Ainsi, mon enfant, toutes les mères et tous les pères aiment leurs enfants et leur donnent tous leurs soins ?

— Oh non, Mère !

— Pourquoi non ?

— Parce qu'il y en a qui rudoient leurs enfants au lieu des aimer et qui, au lieu de les nourrir, leur apprennent à mendier !

— Alors l'amour *n'est pas une loi naturelle ?*

— Si mère ! mais les hommes l'observent moins que les bêtes !

— Sais-tu pourquoi ?

— Non !

— Et bien, c'est que la *loi d'amour s'impose à l'animal sous le nom d'instinct et que rien ne s'impose à lui en dehors de la satisfaction d'un besoin naturel tandis qu'en tout la loi du travail s'impose à l'homme.*

— Alors que doit faire l'homme pour connaître la loi d'amour ?

— *Il doit étudier les besoins de son cœur comme il étudie les besoins de son corps.*

— Ce n'est pas difficile, Mère !

— Dis !

— Mère, j'aime ! l'amour est mon besoin !

— Comment peux tu satisfaire à ton besoin d'aimer.

— Oh, je suis bien petit pour travailler !

— *Il n'est besoin que de penser, en ce genre de travail.*

— C'est vrai ! *car je sais bien que si je te désobéis j'attire ton blâme et je perds la caresse.*

— Tu le vois donc bien ! *si petit que tu es, tu peux penser*, et raisonner tes actes !

— C'est vrai !

— Et, quand tu fais mal tu as la connaissance du mal et de ses conséquences.

— Oui, Mère !

— Et bien , puisque tu raisonnes, établis la différence qu'il y a entre un homme, une femme, leur
enfant et les père et mère des petits d'animaux.

— Il y a celle-ci, Mère ! c'est que l'animal obéit à
l'instinct qui est sa règle, sa loi ! et que l'homme
et la femme comme le petit enfant, doivent apprendre à connaître la loi pour la mettre en prati-
que, absolument comme le serrurier apprend à connaître le fer pour savoir le manier.

— C'est bien cela ! Et bien dis-moi pourquoi il
est des hommes qui n'aiment pas ?

— O Mère ! c'est *qu'ils ne raisonnent pas les besoins de leur cœur comme ils raisonnent les besoins de leur corps !*

— Raisonne les besoins de ton cœur.

— Je suis sur la voie ! *En apprenant à connaître
mes besoins j'apprends à connaître les besoins de
tout le monde ! et comme tout le monde a les mêmes
besoins que moi, je dois aimer tout le monde pour
que tout le monde m'aime !*

— Bien ! mon enfant, c'est là *le devoir !* A qui
s'impose-t-il ?

— Mère *il ne s'impose qu'à celui qui se l'impose
soi-même !*

— Comment se l'impose-t-on ?

— En faisant appel à sa conscience !

— Qu'est-ce que la conscience ?

— *C'est une toute petite voix qui n'est pas toujours
contente de nous, et quand elle n'est pas contente
de nous, elle vous rend malheureux !*

— Alors, mon enfant, si l'on est malheureux lorsqu'elle n'est pas contente, *c'est que la satisfaire est
un besoin réel.*

— Oui mère.

— Que te dit elle quand elle n'est pas contente ?

— Oh, quand c'est envers toi qu'elle me reproche !
je sais toujours trouver par où j'ai manqué !

— Avec tous n'est-ce pas pareil ?

— Oh, si je voulais bien l'entendre ! ce serait
tout pareil !

— Alors, parfois tu fermes l'oreille ?

— Oui, Mère !

— Pourquoi ?

— Parce que cela me gêne ! parce qu'en tout il
faut se commander et que quelque fois, c'est bien
ennuyeux ?

— En quoi est-ce ennuyeux !

— Pour rendre service il faut se déranger de son
travail ou de ses jeux ! il faut faire bonne mine à celui-ci comme à celui-là ! Enfin il faut aimer Jean tout
aussi bien que Pierre, quoiqu'ils ne se ressemblent
pas du tout ! Il faut prêter sa balle ou son ballon à
Maurice aussi bien qu'à Lucette ! il faut être
aussi doux avec Lucien qu'avec la petite Rose
qui est aussi délicate et gentille qu'il est rude et
méchant ! Tout cela, vois-tu, Mère, ce sont des
sacrifices !

Es-tu content, Henri, que l'on en fasse pour toi,
car tu le sais, tu ne réunis pas toutes les qualités
qui font que l'on est bon, prévenant, obéissant, intelligent, courageux, travailleur !

— O Mère, oui !, je suis content de tous les égards que l'on a pour moi !

— Alors, mon enfant, *ce que ta conscience te reproche est le devoir qu'elle t'indique !*

— C'est vrai ! —

— Et ce que *tu refuses d'écouter est un devoir que tu méconnais pour ne pas le remplir ?*

— Oui, Mère !

— Dis-moi ce qu'il résulte de ce manquement, c'est facile à connaître ! raisonne.

— Je ne le sais pas !

— Si, tu le sais !

— C'est bien vrai, Mère, et c'est bien simple ce que tu dis. Je suis bien content d'avoir parlé aujourd'hui, et je sais maintenant que *c'est par le travail et l'effort que l'on pourvoit aux besoins du cœur comme on pourvoit aux besoins du corps.*

Je m'en souviendrai, Mère, merci !

24 février.

Mère ! je suis dans tes bras ! sur ton sein ma tête repose ! J'y suis bien douillettement ! Dis-moi pourquoi ?

— Parce que tu reviens d'exil sur un sein de mère.

— C'est bien doux, un sein de Mère ! N'en ai-je jamais connu ?

— Jamais ! mon enfant. *Un sein de mère est un sanctuaire dans lequel l'homme adore Dieu.*

— Ne l'ai-je jamais adoré que, pour la première fois, je crois, le bienfait m'en pénètre !

— Jamais pauvre petit ! Plus tard, tu comprendras, car tu sauras.

— Que saurai-je, Mère.

— *Qu'un sein de Mère est chose divine que l'homme doit respecter !*

— Ai-je manqué au respect ?

— Mon enfant bien aimé ! Bien des causes sont à ce manquement.

— Et toi, Mère ?

— Comme toi, j'ai manqué ! et comme toi je suis sur une terre d'exil où, peu à peu, me reviendront *les lèvres que je n'ai pas nourries de mon lait ! les cœurs que je n'ai pas nourris d'amour ! les esprits que je n'ai pas nourris de Dieu.*

— Sont-ce là tes devoirs, Mère ?

— Oui ! ce sont là tout mes devoirs !

— Ne les as-tu jamais remplis ?

— Jamais ! C'est pourquoi, toi et moi, nous sommes sur une terre d'exil.

— Qu'est-ce qu'une terre d'exil, Mère ?

— C'est celle où *l'enfant ne connaît pas son Père !*

— Quel Père ! Mère ?

— *Celui* qui nous donne la vie à tous !

— Alors nous sommes des ingrats ?

— Nous le sommes, mon enfant !

— Et que dis-tu du Père, Mère ?

— Qu'il est bon, juste et tout miséricorde ! et que nul ne souffre de ceux qui invoquent son nom !

— A quoi les connaît-on ?

— *A l'amour qu'ils ont les uns pour les autres !*

— Et les autres, Mère ! qu'en est-il d'eux ?

— Ils sont dans les larmes, la haine, la rage !

— Quelle rage ?

— Celle de l'impuissance dans laquelle ils sont de ne pouvoir briser ceux qui adorent Dieu !

— Mère ! d'où vient leur empêchement d'adorer Dieu leur Père !

— De leur *révolte à la loi d'amour et de travail !*

— Qu'est-ce que la loi *d'amour* ?

— *C'est la force de foi qui nous lie cœur et âme à tout devoir saint !*

— Tout devoir n'est-il saint, Mère !

— Le *devoir* n'atteint son degré que chez celui qui suit la loi donnée par le Père.

— Quelle est cette loi, Mère ?

— *Aime ton Père ! Dieu ! Aime ton semblable !*

— Mais si j'aime mon père et ma mère, mes frères et mes sœurs, j'accomplis la loi ?

— *Non mon enfant, car tous les hommes sont les frères !*

— O Mère ! tu n'as pas donné la vie à tous les êtres !

— Mon bien aimé ! *La vie est éternelle ! et l'homme conçoit éternellement ! il est l'instrument de Dieu qui, par lui, donne la vie matérielle à tous ses enfants.*

— Alors, toi, Mère ! tu m'as déjà conçu ?

— Oui ! Et des multitudes comme toi !

— Les connais-tu ?

— *Je les connais tous quand j'aime tous les êtres sans exception :* A toi, mon enfant, Dieu donne vie en mes bras pour que je t'y apprenne l'amour.

— C'est doux d'être enseigné ainsi, Mère !

— Oui, enfant ! car *tout enseignement d'amour
vient de Dieu !* Quand tu entends une voix d'amour,
bénis Dieu qui l'inspire ! Quand tu entends une
voix de haine prie Dieu pour le malheureux qui la
fait entendre ! et demande pour lui que, comme toi,
il apprenne à aimer, à prier, à bénir !

— Pour qui dois-je prier, Mère ?

— Pour tous ceux qui souffrent !

— Sont-ils nombreux ?

— Ils le sont tellement qu'ils se perdent et se confondent les uns et les autres !

— Comment cela ?

— En niant l'amour qu'ils repoussent et en glorifiant la haine qui fait perdre la raison.

— Mère ! je veux l'amour et je veux la raison.

— Demande-les à Dieu, ton Père, mon enfant.

— Que dois-je demander pour toi, Mère ?

— Que je garde et développe en mon cœur et en
le tien tous les germes d'amour qui veulent y
éclore.

— Ne sont-ils point éclos ?

— Non, mon enfant ! Mais l'heure est venue où
tout germe de vie doit fleurir en l'homme.

— Qu'est-ce que la *vie*, Mère ?

— C'est *l'amour et la foi !*

— Qu'est-ce que *l'amour ?*

— *C'est le sentiment qui nous fait respecter et
aimer tout être, comme nous devons l'être nous-
mêmes.*

— En quoi consiste la *foi ?*

— En l'accomplissement du devoir !

— Qu'est-ce que *le devoir* ?

— C'est *travailler, prier, aimer ! Le travail est la soumission à la loi ! Quand on travaille en priant, en aimant, on accomplit son devoir ! Il n'y en a point d'autre.*

— Eh bien, Mère ! J'apprendrai avec toi ! et quand je serai grand, j'enseignerai ce que tu m'enseignes.

— Bien, mon enfant ! Bénis Dieu !

26 mars.

Je t'aime, Mère ! berce-moi ! J'aime ce doux balancement ! j'aime ta voix qui murmure: *O mon Dieu ! Que ta sainte volonté s'accomplisse !*

Je ne sais ce qui se passe en moi, quand tu dis cette prière ! mais je suis dans tes bras comme si j'étais dans un palais de glace où, de tous les côtés, je me vois, je nous vois ! toi, comme aujourd'hui, me portant dans tes bras, mais toi ni moi semblables à ce jour !

Humainement parlant, tu es parfois bien belle et bien richement parée ! Mais d'autres fois je te vois plus laide, plus misérable et sale que ma mère actuelle ! Pour quant à moi je m'y vois appareillant à toi sous toutes tes apparences.

Aujourd'hui, je me vois bien noir ! bien laid ! et je te vois aussi noire que moi? mais tu es entourée d'un lobe d'or et d'argent bien brillant ! Oh! c'est beau !

À côté de nous, des étoiles brillantes comme le

fin rayon d'argent qui s'échappe de la lune quand elle resplendit! Dis-moi, Mère! pourquoi ces changements et pourquoi! toujours toi et moi, ainsi ensemble?

— Voici ce que je sais, enfant! Bien des fois je t'ai conçu! mais en aucune d'elles je n'ai été ta Mère!

— Je ne comprends pas! car aujourd'hui je suis bien ton fils et, dis-tu: Jamais tu n'as été ma mère?

Humainement, terrestrement en cette vie je ne t'ai pas conçu puisque tu as une jeune mère qui t'a nourri de son lait et t'a conçu dans un baiser!... Mais, par la force divine agissant en moi, je te conçois spirituellement.

— Oh! jamais je n'entendis parler ainsi! Qu'est-ce que concevoir, humainement parlant?

— C'est, dans les bras l'un de l'autre, se donner à l'effort d'où résulte un enfant!

— Bien! tu me montres mon père et ma mère accouplés! Ce n'est pas beau!

— C'est toujours beau et bon quand on s'aime, enfant!

— As-tu vu de ces êtres?

— Jamais!

— Alors d'où le sais-tu?

— Dans la longueur des temps j'ai appris à comprendre que si *cela est laid quand la Nature est belle, c'est que cela est contraire à ses lois.*

— Pourrai-je comme toi comprendre que cela est beau?

— Oui mon enfant! cela est aussi beau, aussi
doux, aussi bon qu'il l'est doux d'être en mes bras
bercé du doux mot : *O mon Dieu ! Que la sainte
volonté s'accomplisse!*

— Que faire pour le connaître ?

— Tout simplement *apprendre à aimer !*

— Le sais-tu, Mère ?

— Je l'apprends en te berçant, en t'aimant, en
appelant sur toi la *volonté divine.*

— Ce n'est pas difficile Mère !

— Dis ! enfant !

— *Papa céleste ! Que la sainte volonté s'accomplisse !*

A ce cri, un grand cri répondit et, des nuages d'or
et d'argent qui enveloppaient la mère et l'enfant,
s'éleva une nuée noire, épaisse qui, pour un instant
voila l'atmosphère ! Puis, tout reprit son calme
d'amour et de lumière, et la mère et l'enfant les
mains tendues au ciel, disaient: *O Père céleste !
Que ta sainte volonté s'accomplisse !*

Sur les bords de l'Euphrate, à l'embouchure du
Nil, sur les rives désertes, dans des palais splen-
dides j'ai revêtu toutes les formes de l'homme
terrestre ! nature hybride faite pour naître à la vie
spirituelle !

Toutes les difformités du cœur et de l'esprit ont
été miennes sous l'apparence qui charme et séduit
l'homme ! Aujourd'hui je suis dénuée de tout ce
qu'aspire l'homme, de tout ce qu'il honore et envie !
mais je me revêts du manteau splendide dont la

Nature se recouvre à l'approche du printemps car toutes les espérances, toutes les promesses de l'amour sont dans mon âme pour tous! La Nature sublime me révèle ses secrets, elle m'a dit : Je suis la *belle* enviée par tous! Tous aspirent mes charmes enivrants! N'aurai-je pas la voix d'une Mère pour faire vibrer les cœurs?

9 avril.

— Mère! en quel temps m'as-tu *enfanté* pour la première fois?

— Ce moment se perd dans la nuit des temps!

— Combien de fois m'as-tu enfanté?

— Compte les pensées qui ont hanté mon cerveau, et tu connaîtras ce nombre.

— O Mère! quelle est donc la puissance qui nous relie à travers les siècles?

— C'est celle *qui régit l'Univers! Il n'y en a qu'Une! L'Amour Dieu!* C'est de Lui que nous tenons le germe invisible de toutes nos facultés dont le développement doit amener à maturité la parcelle infinitésimale dont l'essence est en lui.

— Alors, Mère! quel est le lien qui relie tout à Dieu dans l'Univers! de l'herbe tendre à la plante, aux grands arbres, à l'animal?

— C'est l'amour et la *force!* car tout dans la Nature a leur sceau grandiose! Ces deux forces: *Amour et Matière sont des attributs qui se confondent dans la Nature parce que la Nature est l'expression de la volonté divine.*

— Alors, Mère, il y a une *troisième force?*

— Oui ! Il y a la *force directrice*, la *Force Une !* qui agit indistinctement sur la *matière* et sur l'esprit. *Ces deux principes sont en l'homme parce qu'en lui, l'esprit doit dominer la matière !*

— Mère ! Que sommes-nous, moi si petit ! et toi si faible ?

— Nous sommes le grain de blé appelé à germer. Nous devons porter le fruit de tout ce qui a été mis en nous par la bonté divine.

— O mère ! qu'à mis en nous la bonté divine ?

— *Les éléments de l'amour et de la foi !*

— Pourquoi l'amour ?

— Pour nous relier à notre père ! Dieu ! et par suite à l'humanité !

— Et pourquoi la *foi ?*

— Pour glorifier Dieu en nos actes !

— Quels sont les actes qui glorifient le Père ?

— Mon enfant ! *ce sont ceux de l'amour pour son semblable.*

— Quelle espèce d'amour ?

— L'amour *fraternel !*

— Pourquoi pas l'amour maternel ?

— Parce que l'amour maternel est un lien *personnel.*

— Ce sentiment n'est donc pas sublime ?

— Mon enfant, c'est la petitesse appelée à grandir ! Ce sentiment sera la grandeur quand il reliera toute femme à tout enfant comme à son enfant !

— Sera-ce un jour sur terre ?

— Oui ! lorsque la *femme* aura atteint le degré de perfection qui lui est assigné.

— L'Univers entier connaîtra-t-il ce degré ?

— Oui !

— Alors, Mère, toutes les humanités seront au même degré ?

— Mon enfant ! la loi d'amour enfante d'elle-même le travail ! Dieu crée sans cesse et sans cesse envoie ses légions d'Esprits de tous degrés vers les *derniers nés de sa tendresse.*

— Quels sont ceux-là, Mère ?

— Ce sont *les déchus !*

— Il y en aura donc toujours ?

— Mon enfant ! *L'homme est un être créé libre et par conséquent sujet à erreur. Naissant simple et ignorant, il développe peu à peu ses facultés et, étant à la fois un être matériel et spirituel, il ne se dégage des liens matériels qu'à la longueur des temps... lorsqu'il s'est bien rendu compte que ce qui cause ses écarts répétés et ses chutes profondes c'est toute aspiration en dehors des besoins de sa nature physique, morale, intellectuelle et spirituelle...* Ces écarts, ces chutes sont les instruments de son développement ! c'est par eux qu'il acquiert l'expérience de toute chose.

— Oh ! c'est bon et doux d'être enseigné par toi.

— *L'enseignement maternel* est toujours doux et bon à l'enfant, car c'est celui de l'amour.

— Mère ! *L'enseignement paternel* n'est-il pas aussi celui de l'amour ?

— Oh si, mon enfant ! mais à un autre point de vue : *celui des choses de la matière.*

— Comment! en ces choses, il y a un enseignement d'amour?

— Oui! car nos facultés relevant du cœur, de l'esprit et du corps acquièrent leur développement dans l'étude des choses du cœur, de l'esprit et du corps afin que nous puissions apprécier toute chose à sa valeur réelle! et c'est pourquoi, dans sa tendresse, un Père aime enseigner son enfant! il sait bien les *forces* que développe en l'homme la connaissance des choses.

— A laquelle de ces choses, Mère! convient-il de se donner de préférence?

— Mon enfant! pour pouvoir se donner à l'effort qui réclame le plus, il faut tout connaître! car en l'homme, tout doit marcher de front: *cœur*, *esprit*, *corps!*

Hier, mon enfant, nous avons étudié les besoins du corps! aujourd'hui étudions ceux du cœur puisque, nous l'avons reconnu, le cœur cesse de recevoir son aliment indispensable, *l'amour*, quand il cesse l'effort indispensable qui le fait acquérir.

— C'est vrai, Mère! Mais dis-moi pourquoi l'étude des choses de l'esprit vient en dernier.

— Parce que *les liens personnels relevant des choses du cœur et de celles du corps sont des causes d'erreurs, et par suite de souffrances, tant qu'ils excluent de la tendresse familiale les membres de la famille universelle!*

— Donne un exemple, Mère!

— Oh c'est facile: Voyons! J'ai un enfant de

quelques mois qui réclame tous mes soins, toute ma
sollicitude ! Près de moi, une pauvre femme nourrit
le sien ! mais la mort la ravit à son dernier né qui,
exposé à l'abandon, va mourir de froid, de faim. Dis-
moi, mon enfant, à qui incombe le soin de l'orphelin.

— A toi, Mère !

— C'est ainsi ! Mais si dans ma faiblesse, que
j'écoute, je me rebute à l'effort ?

O Mère ! il ne le faut pas ! ce petit va mourir.

— Mais pour toi, enfant ! je pourrai moins !

— Oh ! Si j'ai moins de soins ! j'aurai même tendresse !... et ce que je perdrai d'un côté, je le trou-
verai d'un autre car j'apprendrai à aimer un petit
frère et je m'oublierai pour lui !... et *lui, toi, moi,
tous nous y gagnerons !*

— C'est vrai, mon enfant ! à cela je gagnerai autant que toi puisque je ferai tout à la fois un effort
moral, physique et intellectuel en faveur d'un esprit.

— Quel est l'effort moral ?

— Celui d'aimer un enfant comme je serais heureuse qu'on t'aimât, mon enfant, si je venais à
mourir.

— Toutes les mères auront cette épreuve à su-
bir ! et bien heureuse sera celle qui la recevra di-
gnement ! elle en connaîtra le retour bienfaisant.

— Mère ! n'est-ce pas un acte personnel.

— Oh, non, mon enfant ! *c'est le sentiment du
devoir dans le sens réel du mot.* Mais chacun le fait
selon ses forces.

— Qu'est-ce que cela veut dire, Mère ?

— Cela veut dire, mon enfant, que l'on doit peser

ses actes à tous les points de vue afin de ne point faillir en chemin, ce qui arriverait inévitablement si l'on comptait sur des forces que l'on ne possède point.

Alors, Mère si tu ne pouvais suffire à la tâche, qui y suppléerait ?

— Toutes les mères qui comme moi connaîtraient le besoin de l'enfant et qui comme moi, ou plus que moi, pourraient participer à la tâche.

— Alors, Mère, cet enfant ne serait plus le tien ?

— Dans ce cas il serait le fils de la famille universelle ! Il serait nôtre à toutes et aurait autant de mères qu'il y aurait de femmes à lui donner leurs soins ! L'une lui donnerait le sein, une autre ferait ses vêtements, l'autre ses couvertures, une autre laverait ses langes, et toutes lui donneraient leur baiser maternel ! Et lui, au lieu d'une mère à aimer, à réjouir de ses charmants sourires et de ses doux bégayements en aurait beaucoup à aimer et réjouir.

— Mère ! il aurait ainsi beaucoup de frères et de sœurs.

— Il aurait toutes les forces, mon enfant, puisqu'il aurait toutes les protections !

— Ce serait beau, Mère !

— O mon enfant ! c'est le bon, le grandiose ! c'est le pur et le saint ! Aime donc, enfant ! car dans l'amour est l'accomplissement de la loi divine « Fais à autrui ce que tu voudrais que l'on te fît ! »

Mère ! Je veux suivre la loi ! fais-la moi connaître.

29 mars.

— Mère ! Quelles choses doit on apprendre.

— Les *devoirs* et les *droits* ! Toute la vie, enfant, on doit les étudier !

— Envers qui sont les *devoirs* ?

— Envers tous, mon enfant !

— Quels sont donc ces *devoirs*, o Mère.

— Ce sont ceux qui te lient à ton père, à ta mère,
à tes frères et sœurs.

— Cela n'est pas possible, Mère ! je ne le fais pas
seulement avec eux !

— La loi est douce à l'homme, mon enfant ! Faire
le bien avec tous c'est se mettre en accord avec la
loi humaine, *c'est faire à chacun ce que l'on désire
recevoir de chacun.* Que penses-tu de celui qui te
rudoie ou méchamment te frappe :

— Je pense qu'il agit mal et je cherche à le lui rendre.

— Et qu'en résulte-t-il.

— O Mère ! une bataille.

— Et si la mort s'en suit.

— La gloire est à celui qui survit.

— Tu crois cela, enfant ! et bien, regarde !

— Un drame se découvrait dans l'espace !
Sur le lit de l'enfant deux spectres horribles se
virent ! Ils salissaient de leur bave l'enfant, et sur
lui répandaient des miasmes impurs qui pénétraient
sa chair et donnaient vie en elle à des milliards
d'insectes rongeants que le microscope peut à peine
faire connaître.

— J'ai peur, dit l'enfant ! ils m'étouffent !

— Considère les bien !

— O ma Mère, *ce sont ceux auxquels, dans ma dernière vie j'ai livré rude combat !* Aujourd'hui ils me le rendent car je ne puis me défendre.

— Tu le peux, mon enfant ! regarde !

— Au-dessus de sa tête, l'enfant vit des Anges radieux qui veillaient sur lui et tendrement le regardaient.

— Ils me protègent, dit l'enfant ! Comment donc se fait-il que je suis accablé ?

— Cherche !

— Un éclair brilla dans les yeux de l'enfant, il dit : je dois leur demander aide.

— Réfléchis bien !

— A Papa céleste, dit l'enfant, je dois d'abord demander l'accomplissement de sa sainte volonté.

— Quelle est sa *volonté*, enfant ?

— *L'amour pour tous !*

— L'as-tu donné à tous ?

— Non ! jamais je n'ai fait cela !

— Le peux-tu ?

— L'enfant réfléchit un instant et dit : Je le peux, Mère, en *demandant pour ceux qui m'accablent, comme je le fais pour moi-même,*

— Bien ! demande ainsi !

— L'enfant leva ses mains et dit : *Papa céleste ! Ils me font mal parce que je leur ai fait mal ! Pardonne-leur comme moi je leur pardonne !*

A ces mots les *spectres hideux* disparurent, et dans l'ombre, tout rentra dans le calme.

— 95 —

11 février.

Mère ! apprends-moi ton langage ! le mien me dé-
plaît ! apprends moi l'amour ! je n'en connus jamais la loi ! apprends-moi à *penser* ! je n'ai jamais
pensé. J'ai agi *comme la meule qui roule, écrase,
pile, broie parce qu'on m'a fait agir, parler broyer !*
O Mère ! pourquoi n'ai-je jamais pensé, aimé, agi
comme tu le fais ?

— Il en est ainsi, mon enfant parce que l'homme
est ingrat, égoïste, orgueilleux, personnel enfin !

S'il a pour se nourrir il lui faut encore plus ! s'il
a des facultés il n'a ni amour, ni pitié pour le
malheureux qui en est déshérité, mais il conçoit le
désir de s'élever au-dessus de celui qu'il rivalise !
Si ses sens parlent ! il ne cherche pas l'être qu'une
aspiration attire à lui également ! mais il cherche
celui dont la présence le relève sans se soucier si sa
présence à lui ne sera pas une souffrance pour cet
être, et si ses désirs et sa volonté ne seront point
contraires aux siens.

Ce tableau, mon enfant, est celui de l'homme actuel !

17 mars.

— Mère ! Qu'est-ce qu'aimer ?

— Mon enfant, c'est suivre la loi qui est tout
amour.

— Alors, qu'est-ce que *l'amour* ?

— *C'est la force invincible qui nous lie à celui
qui souffre ! il n'est nulle part ailleurs.*

— Alors Mère, tu n'aimes pas le riche ?

— Pourquoi, enfant ! Sur terre il n'y a que des souffrants ! la loi ne fait aucune exception ! elle aplanit toute difficulté.

— Cependant, le riche n'a pas nos besoins !

— *Les besoins de tous sont égaux, mon enfant !*

Je te l'ai dit, la *Nature, comme la loi, ne fait point d'exceptions*. Considère la Nature ; et tu verras qu'à tout ce qui vit il faut l'air qui vivifie, l'eau qui purifie ! le grain qui nourrit ! le parfum qui embaume !..... Et bien tout cela est à tous en la juste mesure réclamée par chacun de nos besoins physiques, moraux et spirituels,

O Mère ! le pauvre n'a pas pour substanter son corps !

— Mon enfant ! *A ce point de vue, le pauvre et le riche ont les mêmes moyens de pourvoir aux premiers besoins de la Nature ! Nourrir son corps !* L'un et l'autre ont leurs bras, leur courage, leur intelligence ! ils sont donc égaux !

— Mais, Mère ! l'égalité n'existe pas puisque le riche n'a pas besoin de travailler pour vivre.

— Là est ton erreur ! *La loi du travail est la loi de la nature qui ne produit rien de savoureux, d'agréable et d'utile à l'homme sans le fruit de son travail ; donc la loi du travail, comme la loi de l'amour est égale pour tous.*

— Voyons, Mère ! peux-tu imposer la loi du travail à celui qui n'a pas besoin de travailler pour vivre ?

— D'abord, mon enfant, dis-moi ce que tu entends par *vivre* !

— Mère ! c'est manger, boire, dormir.

— Est-ce tout ?

— Tu vas me gronder, Mère !

— Non ! dis.

— Et bien, *vivre, c'est s'amuser !*

— Qu'est ce que s'amuser, mon enfant !

— Mère ! c'est voir des femmes !

— Que fais-tu quand tu vois une femme ?

— J'en jouis !

— Et elle, que fait-elle quand tu en jouis ?

— Je ne sais !

— Comment ! Tu ne sais ?

— Non, Mère !

— Alors, qu'es-tu, si tu ne sais ce que ton semblable éprouve avec toi ?

— O Mère ! on ne s'occupe pas de cela !

— Comment ! La femme, alors, n'est pas ton semblable, si tu ne t'en occupes pas.

— Mère ! la Nature nous a faits plus vigoureux afin qu'elle nous serve.

— Ainsi, la loi d'amour n'existe pas pour toi ?

— Non, Mère !

Et bien, mon enfant, *tu es hors la loi! et tu n'as pas à demander au nom de la Nature, diminution de charges ! car si la Nature te donne un frère plus riche que toi et qui, par conséquent, n'a pas besoin de travailler, de même que pour la femme tu dis : elle est faite pour me servir! de même lui peut dire de toi, il est pauvre il est fait pour me servir !*

— C'est vrai, Mère ! Je n'ai jamais pensé à cela.

— Tu y penseras, mon enfant ! Courage ! et réfléchis.

24 mars.

Mère, j'aime ! apprends-moi ce que c'est *qu'aimer !*

— C'est *aimer se dévouer !*

— Je n'aime pas ainsi, Mère ! car le voir, l'entendre, l'écouter, c'est ma joie !

— Quel est donc le charme de sa présence ?

— Un je ne sais quoi que je ne puis définir !

— Mon enfant ! tout dans la Nature a un charme indéfinissable ! et comme je te l'ai dit, *Aimer c'est se donner à des œuvres d'amour.* Donc, si ta joie est sans but, ce n'est pas de l'amour.

— Mère, ma joie à un but ! elle m'en fait aspirer un.

— Lequel ?

— Jour et nuit je voudrais le voir et l'entendre me dire qu'il m'aime et le lui dire aussi !

— Cela n'est pas un but, enfant ! c'est une satisfaction personnelle ! et cela est contradictoire à la loi divine.

— Cependant, Mère, il me semble que mon sentiment est celui qui a dû t'inspirer quand tu as dit à mon Père : Je t'aime !

— On ne peut, o ma fille, dire à un homme : Je t'aime ! si l'on éprouve le sentiment que tu viens de dépeindre ! Et cet homme lui-même ne peut aimer si son sentiment ressemble au tien ! Ne t'ai-je pas dit que l'amour donne le besoin de se dévouer et non celui de recevoir.

— Mère ! Ne reçois-tu rien de mon Père ! sa vue ne t'est-elle pas une joie ! sa parole un bienfait ! son soutien un besoin ?

— Tout cela est, mon enfant ! Mais, dis-le moi, quel est le bienfait que sa présence m'apporte ?

— Mère ! tout de suite, la parole est entre vous !

— Quel en est le sujet ?

— Les enfants ! les affaires !

— Quelles sont les pensées sur les enfants ?

— Notre santé ! notre développement moral ! nos études ! enfin, quoi ! tout ce qui a rapport à l'un de nous !

— Et sur les affaires ?

— Là ! ce sont des questions de travail, de rapport, avec les uns, avec les autres !

— Pourquoi ces questions ?

— Ah, Mère ! C'est que pour entretenir la maison, il faut de l'argent ! Nous sommes six ! et il y a bien à faire !

— Alors, ma fille, quand on croit pouvoir aimer un homme et pouvoir lui dire : je t'aime ! Est-ce pour une joie indéfinissable, inexprimable ?

— Non, Mère ! mon sentiment n'est pas celui de l'amour ! Ton sentiment et celui de mon père le sont.

— Voyons ! Que manque-t-il à ton sentiment indéfinissable pour qu'il devienne l'amour vrai que j'ai défini : Aimer ! c'est se dévouer.

— Il lui manque cela : *Avoir en vue le travail et la tâche à accomplir.*

— Quelle est la *tâche*, mon enfant ?

— Mère ! c'est la *création de la famille,*

— Et quel est le *travail ?*

— *C'est le moyen de pourvoir à ses besoins et à ceux des enfants !*

— Bien ! Dis-moi maintenant quelles sont les conditions premières de la vie ?

— Ah ! je ne les connais pas !

— Tu les connais ma bien aimée ! cherche ! réfléchis !

— Mère ! nous avons chacun une aptitude.

— Qu'est ce qu'une aptitude ?

— C'est la facilité de faire une chose plutôt qu'une autre.

— Quelles sont les aptitudes nécessaires pour la création de la famille ?

— O Mère ! il y en a une bien grande ! c'est aimer ce que l'on fait.

— Et bien ma fille, qu'y a-t-il en toi qui facilite la *tâche ?*

— Je crois que j'aimerais bercer un enfant !

— Il faut davantage *!*

— J'aimerais le soigner ! J'aurais, je crois, la force de passer une nuit s'il était malade !

— Mon enfant ce ne serait pas suffisant ! car un petit enfant réclame jour et nuit.

— C'est vrai, Mère ! Cela est difficile ! surtout si l'on est malade.

Que faire alors en ce cas ?

— Le mettre en nourrice !

— Oh ! non ! ma fille ! *le soin de l'enfant appartient aux parents.*

— Mais, Mère ! si le père n'aime pas se déranger la nuit !

— C'est qu'il n'aime pas !

— Alors, Mère ! il ne faut pas aimer ?

— Il faut aimer, mon enfant ! *mais aimer celui qui aime partager la tâche !*

— Cela demande réflexion. Mère.

— Oui ! bien sérieuse réflexion !

— Ainsi *il faut que j'étudie celui que je crois aimer afin de savoir si je pourrai toujours l'aimer.*

— C'est bien cela, mon enfant !

Mère ! la question des aptitudes familiales est tranchée ! Etudions maintenant celle du travail forcé auquel appelle la création de la famille. Je dois m'étudier d'abord ! Avec toi, Mère *le travail est doux !*

— Pourquoi, mon enfant ?

— O Mère ! parce qu'il est *limité à mes forces qui ne sont pas grandes.*

— Alors tu n'es pas apte au mariage ?

— *Je le suis ! mais dans une certaine mesure et avec cette condition indispensable : c'est que celui que j'aime ait toutes les aptitudes nécessaires pour subvenir aux besoins de la famille ! car s'il n'aime pas le travail, qui pourvoira, moi ne le pouvant qu'en une sage mesure !*

— C'est là une question primordiale, mon enfant !
Tu t'appliqueras à la résoudre.

— Je le ferai, Mère, merci !

15 avril.

L'amour et la foi sont les pivots de l'Univers !
Amour et foi dirigent tout sur la terre et dans l'espace ! Dans les œuvres du Père, celles où l'homme
ne peut apposer le sceau humain, se trouve le sceau
de la grandeur, du grandiose, du sublime !

A ce cachet de la grandeur et du sublime, se connaît la main créatrice ! car dans la Nature *rien ne
se manifeste en dehors de la loi, et en chacune de
ses investigations l'homme trouve toujours la même
loi pour loi !*

Une chose manque à l'analyse humaine, à l'analyse scientifique : *la recherche du point de départ de
la pensée !* Quand, pas à pas, l'homme en suivra les
manifestations comme pas à pas, il étudie les manifestations de la matière, il ne dira plus de la pensée
qui crée les génies et enfante la lumière : *c'est une
propriété de la matière ! Elle retourne au néant
quand la matière se désagrège !* mais il dira, logique
avec lui-même : *Si la matière est éternelle puisque
rien ne se perd ! ainsi est éternel le principe divin
qui nous donne de percevoir, de scruter, analyser
et peser froidement toutes les manifestations de la
matière et toutes celles de l'esprit !*

Ce jour là, *toute hérésie sera bannie de la terre !*
et l'homme conscient de son devoir comprendra la
parole du Maître divin : « *Un est votre Père ! Dieu !
et tous vous êtes frères ! A chacun selon ses œuvres !*

12 avril.

Mère ! aime-moi !

— Ne t'aimé-je pas, enfant ?

— Oh ! tu me dois plus d'amour que tu ne m'en donnes !

— Cela est, mon enfant ! Mais lorsque je serai moins absorbée par la matière, mon âme plus intelligente comprendra mieux tes besoins et mes devoirs.

— Quels besoins ?

— Dans sa tendresse, la mère pourvoit à tous ceux qu'elle connaît ! mais sa faiblesse l'égare ! Ce n'est que peu à peu qu'elle conçoit et comprend mieux les besoins de son enfant.

— Mère ! il en est un que jusqu'à ce jour tu as méconnu.

— Lequel ?

— Faut-il oser le dire à toi si bonne, ô Mère ! Eh bien, tu manques chaque jour ! car, trois fois dans le jour, l'âme a besoin de recourir à Dieu pour reprendre courage dans les efforts qui la réclament, et obtenir de sa bonté que ses Protecteurs se manifestent à elle. Le fais-tu, Mère ?

— Parfois plus ! Parfois moins !

— Alors, une fois au moins, tu attends le conseil de ton Protecteur ?

— Je ne fais pas ainsi ! Je demande aide à Dieu, et si je n'ai point le désir de recevoir un conseil, je vais à mes occupations.

— Mais si ton bon Ange voulait te parler..... il ne le pourrait.

— Cela est !

— Moi, Mère ! je voudrais faire cet effort !

— Je te seconderai, mon enfant.

— Quelle que soit l'heure ?

— Ton bon Ange et le mien connaissent mes heures ! Qu'ils indiquent la leur, et nous ferons effort pour nous y conformer.

— Mère, veux-tu *onze heures trois quarts !* où que tu sois ?

— Soit, mon enfant, j'accepte !

— Merci, Mère ! fais ainsi ta prière : « *O mon* « *Dieu ! permets que tous les frères présents le* « *11 avril, les Invisibles comme les visibles, sentent* « *le besoin de s'élever vers Toi, pour qu'ensemble.* « *tous à la fois, nous recevions de nos Protecteurs* « *le conseil réclamé par notre besoin, notre fai-* « *blesse, notre ignorance ! O mon Dieu ! que ta* « *sainte volonté s'accomplisse !* »

— Je ferai cet effort, mon enfant bien aimé. Que Dieu m'aide à le faire !

— Ma Mère ! oh ! merci ! Nous serons bien nombreux pour le faire avec toi et bien heureux de le faire ! Oh ! souviens-toi, Mère !

                              19 avril.

— O Mère ! aime-moi ! j'ai besoin de tendresse !

— Ce besoin, enfant, est dans la Nature ! Nul n'en est exempt !

— Dis-moi pourquoi, ma mère, vers toi seulement je puis le satisfaire ?

— C'est à toi de trouver, car tu le sais, toute chose doit s'analyser, s'expliquer.

— Oui, Mère, voici : En toi seule je trouve un regard franc! toujours en harmonie avec tes sentiments, car, quels que soient ta rudesse ou ton sourire, je comprends la pensée qui t'inspire envers moi comme envers qui que ce soit.

— Alors, mon enfant, comprendre sa mère n'est pas toujours un bienfait pour l'enfant, car si un mauvais sentiment est en elle, c'est un mauvais exemple qu'elle lui donne! c'est l'exemple du mal!

— C'est vrai, Mère! Mais si malgré soi on voit le mal, malgré soi aussi on voit le bien! car l'amour rend perspicace! et, crois-le, il n'est point d'enfant qui n'ait au cœur pour sa mère un sentiment de profonde tendresse et de vénération!

— Par ce que tu me dis, mon enfant, ce qui te lie à moi, c'est la compréhension de toutes mes pensées?

— Oui, Mère! car c'est cette compréhension qui fait que l'enfant accepte pour *devoir* ce que sa mère lui enseigne être le *devoir*, et repousse comme *mal* ce qu'elle lui dit être *mal*.

— Ainsi nul, hors ta mère, ne t'inspire de confiance!

— Nul, Mère!

— Il t'appartient d'expliquer la cause de ce doute.

— Oh! c'est facile, Mère! Mon regard et mes lèvres ne disent pas toujours vrai : je juge mon prochain comme moi-même.

— Feins-tu avec ta mère ?

— Oui ! dans une certaine mesure !..... quand je prévois ton blâme.

— Tu te l'adresses ainsi, enfant !

— C'est vrai ! *Toute feinte du regard, de la pensée, du geste est l'aveu implicite d'un manquement quelconque.*

— Qu'en déduis-tu ?

— *Que tout être qui feint se connaît dans le mal.*

— Quoi encore ?

— *Que cette connaissance du mal, qui est en lui, est un appel divin qu'il doit écouter pour rentrer dans le droit. Mais il ne le fait pas !*

— Cependant, tu m'as dit que ton besoin le plus impérieux était celui d'aimer. N'as-tu que ta mère à aimer ?

— Oh ! non, Mère ! car je souffre cruellement de ne pouvoir aimer que toi !

— Eh bien, *analysons l'enfant !* Pourquoi aime-t-il sa mère ?

— Parce qu'il tient tout d'elle ! La vie qu'il aime ! le lait qui le nourrit ! la main qui le soigne ! la force qui le dirige, la pensée, l'âme, l'esprit qui l'enseigne !

— Bien ! et que fais-tu pour mériter tous ces bienfaits ?

— Oh ! rien ! *J'écoute tes conseils, quand je les trouve justes ! je les écoute aussi, mais faussement, pour n'en point discuter la valeur, quand je n'en veux point tenir compte.*

— Ainsi, mon enfant, tu n'aimes ta mère qui,

après Dieu, est tout ton refuge, que parce que tu reçois tout d'elle?

— Oui, Mère!

— Alors de quel droit désires-tu ce que tu ne donnes même pas à ta mère?

— Oh! je comprends bien que *désirer et vouloir pour soi ce qu'on refuse à d'autres est contraire à la loi de justice!* Mais que veux-tu, Mère! on ne raisonne pas!

— C'est *raisonner* qu'il faut, mon enfant! Pèse tes besoins et scrute tes devoirs! et tes efforts seront bénis et bien adoucis, quand ils auront ton prochain comme objet! Bénis Dieu! qui a permis cet entretien.

11 mai.

— Mère! trois fois cette nuit je t'ai appelée, et tu n'a pas répondu à mon appel. Ne m'entends-tu plus?

— Renouvelle cet appel, mon enfant!

— Je souffrais! et dans ma souffrance j'ai dit : Toi qui me protèges, ô ma mère, viens à moi!

— Quoi encore?

— C'est tout!

— Mon bien aimé! qui donne l'enfant à la mère?

— C'est Dieu!

— Qui, d'amour, revêt la mère pour l'enfant?

— C'est Dieu!

— Qui fait douce à la mère la voix de l'enfant? Qui la fait pénétrante?

— C'est Dieu !

— Qui donne à la mère toutes les intuitions ?

— O Mère ! c'est Dieu ! c'est la Nature !

— Qu'est-ce que la Nature, enfant ?

— O Mère ! la Nature ! c'est le ciel ! l'espace ! les globes lumineux répandus dans le vide ! C'est notre petit monde ! c'est notre humble toit ! c'est le nid où c'est l'aire où vivent en paix, forts en leur faiblesse, l'insecte sur la feuille, l'oiseau sous le buisson, l'abeille dans sa ruche, le mastodonte et l'homme !

— De toutes ces créations, quelle est celle qui a force sur l'autre ?

— Sur l'ensemble, Mère ! aucune !

— Alors, mon enfant, si nul n'a force qu'en son aire ou son nid, en sa feuille, ou sa grotte ou son toit, *où est la Force qui maintient toute force ?*

— Mère ! c'est l'ensemble de l'Univers qui pondère ces forces !

— Voyons, enfant ! sur terre, à qui donnes-tu force ?

— A l'homme ! Mère !

— En quoi consiste sa force ?

— A s'approprier les principes fécondants répandus partout ! Dans l'air, au sein de la terre, au fond des mers, dans les rochers énormes, dans les marais fangeux. Sur l'arbre, sur la feuille, sur la fleur, sur l'épi, pour emprunter enfin à tout ce qui existe ce qui est propre à le nourrir, à le couvrir, à l'abriter, à l'éclairer, à le chauffer, à le satisfaire enfin en réjouissant ses sens.

— Ainsi, tout sur terre répond à un besoin humain ?

— Oui, Mère !

— Dis, mon enfant, l'homme, sur terre, n'a-t-il de besoins que ceux que la Nature satisfait ?

— Mère ! la *Nature n'a qu'un sein matériel, mais pas un sein de mère pour recevoir les douleurs de l'homme et pour panser ses plaies.*

— Le cœur de l'homme saigne, dis-tu, mon enfant ! Eh bien, quel est le cœur où sa souffrance trouve écho ?

— C'est celui de la femme ! car, qu'elle soit mère, sœur, épouse, amante ou fille, l'homme trouve toujours en elle un cœur qui ressent sa douleur et une main qui panse ses plaies !

— Donc, mon enfant, c'est à une âme que toute âme s'adresse !

— Oui, Mère ! Si *de l'amour l'homme n'avait que l'instinct,* rien en la femme n'aurait force pour panser ses plaies vives quand le sein de la mère aurait donné son lait et la femme sa caresse. *L'instinct est fils de la matière !* c'est la force qui unit l'atome à l'atome !..... qu'il soit grain de poussière, rayon lumineux ou corps humain ! Mais en dehors de ces besoins puissants, *il est un besoin plus impérieux que tous !* et ce besoin, nul cœur personnel ne peut le satisfaire.

— Qu'appelles-tu *un cœur personnel ?*

— Le cœur qui n'aime que par rapport à soi !

— Comment ! l'amour n'est-il pas sa loi ?

— Oh ! non, Mère ! *un sentiment personnel est ennemi de la loi ! il la fait enfreindre.*

— Explique-toi !

— Une femme frappe mon regard ! elle est belle ! elle est laide ! peu importe ! Si elle excite mes sens, je veux la posséder, et toutes les feintes sont bonnes, ô Mère, pour atteindre mon but ! Donc, ô Mère, *un sentiment personnel est contraire à la loi*

— De quelle loi, mon enfant ?

— De la loi divine comme de la loi humaine !

— Alors, enfant, j'en reviens à ton dire : *Tout sentiment personnel est fils de la matière ! C'est l'attraction puissante exercée par un corps sur un autre corps.*

— Oui, Mère !

— Qu'est-ce que la loi ?

— *C'est une digue à tous les forfaits !*

— Donc, elle n'est pas fille d'un sentiment personnel.

— Non, Mère ! la loi *est fille de l'abnégation* puisqu'elle condamne et réprime en l'homme ce que *la matière en lui excite de passions.*

— Bien !

— Maintenant, dis-moi comment il se peut que *la matière qui excite en l'homme les besoins, les sentiments, les aspirations personnels enfante aussi en lui l'esprit d'abnégation ?*

— O Mère ! *l'homme n'est pas que matière puisque par sa volonté fixée au devoir il condamne la méconnaissance du droit et du besoin de ses frères, matière comme lui ! car enfin une source ne donne pas à la fois, de l'eau chaude et de l'eau froide !*

Il y a en l'homme un autre élément que l'élément

matériel ! *c'est l'élément spirituel ! il sert de contre-poids aux envahissements de la matière !*

Bien ! mon enfant ! maintenant réfléchis et dis-moi si tu dois appeler ta mère à ton secours sans faire appel d'abord à la *Force d'amour* dont elle tient tous ses dons !

O Mère ! je te comprends ! Pour que l'âme des Mères entende l'appel de leur enfant il faut que d'abord il s'adresse à la *Force divine* qui, d'amour nourrit sa mère et lui portera le vœu de son enfant.

Mon Dieu ! merci ! Mère ! merci !

12 mai 1904.

— Mère ! Quel est le suprême commandement ?
— « *Aime Dieu ! Aime ton prochain !* » L'un est le témoignage de l'autre car le Christ l'a dit : « *Celui qui n'aime pas son frère qu'il voit ne peut aimer Dieu qu'il ne voit pas.* »
— Cela est juste, Mère ! mais cela ne se peut !
— Tu te trompes, mon enfant ! cela se peut
— O Mère ! tu ne le fais pas toi-même !
— Tu l'as dit ! mais mon manquement n'est pas voulu ! Il est la conséquence de mon peu de développement moral et intellectuel.
— Cela est vrai, Mère ! mais le manquement n'en existe pas moins !
— Mon enfant ! Le manquement existera pour l'homme comme pour l'Esprit, tant que l'un et l'autre n'auront atteint le plus haut point de perfection.

— Ainsi le progrès est indéfini ?

— Oui, mon enfant ! Chaque siècle apporte son rayon de lumière !

— L'homme de la terre, alors, n'atteindra jamais le but voulu ?

— De siècle en siècle, sur notre globe comme sur tout globe, chaque être fait un effort et reçoit un soutien qui le grandit moralement en conception. Son intelligence se développant, le champ de la pensée, celui du sentiment s'agrandissent en lui ! il comprend mieux *ce qu'impose le devoir et ce que le droit réclame !*

Tout manquement, tout outrage reçu ou imposé, toute épreuve douloureuse subie, de quelque ordre qu'ils soient, préparent l'éclosion de la pensée en l'homme ! Ses fautes, même les plus graves, préparent en lui la voie du progrès, du jugement et facilitent son développement.

— Alors, Mère, l'homme sur terre atteindra le but montré par le Christ ?

— *Le progrès accompli par le Christ est celui qui est propre à la terre !* Le Christ est notre modèle à tous ! Nous n'avons besoin d'aucun autre pour passer dans un monde bien supérieur au nôtre !

Je l'ai dit, et je le répète, mon enfant : Les hommes de bon vouloir ont atteint le progrès en principe ! ces hommes de bon vouloir sont ceux qui ont édicté la *Déclaration des droits de l'homme !*

— Pour toi, Mère ! cette *Déclaration* est le sublime de la loi humaine ?

— Oui ! car c'est la reconnaissance du principe divin: *Aime* !

— Alors, Mère, quand le principe républicain sera dans tous les cœurs, nous aurons atteint le *summum montré*?

— Nous ne l'aurons pas atteint ! mais *tous, nous connaîtrons que rien de plus ne peut se proposer à l'homme*.

31 mars.

— Mère ! pourquoi mon regard ne rayonne-t-il pas dans le tien ?

— Demande à ton Père céleste, notre Père à *tous* !

C'est vrai ! « *Papa céleste ! notre Père à tous ! permets que mon bon Ange réponde à ma demande !* »

— « Enfant ! Quand la flamme de vie qui illumine « l'âme d'un être, n'illumine pas un regard de « mère ! le regard de la Mère ne peut rayonner « dans celui de son enfant. »

— *Qu'est-ce que rayonner ! pour un regard de mère?*

— « C'est pénétrer son enfant d'une joie que rien « ne peut rendre si ce n'est la douceur d'amour « dont un bon Ange enveloppe et réjouit son « enfant. »

— Que manque-t-il à la Mère pour qu'elle ait cette puissance ?

— « Ce qui manque à ta Mère et à toi, pauvre

« petit? *Avoir foi en Dieu et l'aimer par dessus*
« *tout.* »

— Explique moi cela, mon bon Ange !

— « Et bien ! c'est être si puissamment, si gran-
« dement pénétré de la volonté de Dieu ! de sa
« bonté ! de sa justice ! que, quoi que ce soit permis
« par lui, puisse refroidir le cœur de son enfant. »

— Cela peut-il exister, mon bon Ange ?

— « Cela existe ! »

— Pas pour ma mère, alors ?

— « Pas pour ta mère aujourd'hui, mais pour elle
demain ! »

— Qu'aura-t-elle fait pour cela ?

— « Elle se sera interrogée ! elle aura compris
« son erreur envers Dieu et envers son prochain et
« elle bénira l'erreur à laquelle elle devra de com-
« prendre la loi. »

— Quelle loi ?

— « *La loi unique : Aime Dieu ! Aime ton pro-*
« *chain.* »

— N'aime-t-elle pas Dieu ?

— « *Elle ne l'aime pas par dessus tout puisqu'elle*
« *peut s'irriter ou s'attrister pour une déception !* »

— « *Elle n'aime pas son prochain puisqu'elle lui*
« *impute à mal une négligence, un oubli, un man-*
« *quement quelconque !* »

— Alors que suis-je moi, en face de la loi ?

— « *Tu es un petit nègre qui, avec sa mère la né-*
« *gresse, apprend à se blanchir.* »

— C'est de ma mère spirituelle que tu parles !

« Oui, mon enfant ! *Le degré de spiritualité est*

« inhérent à tout être humain qui, de bonne foi
« cherche à comprendre la loi ! »

— Ma Mère est au premier rang, bien aimé Papa
spirituel ?

— « Ta Mère est au premier rang ! et aujour-
« d'hui elle t'enfante à la vie spirituelle »

— Pourquoi ?

— « Parce qu'elle se reconnaît inférieure et bien
« petite »

— Alors elle va rayonner en moi ?

— « Oui ! »

— Aujourd'hui ?

— « Non »

— Pourquoi ?

— « Il lui faut son acte de foi ! »

— Quel est-il ?

— « Papa céleste ! je suis toute petite et bien in-
« férieure ! car je ne sais rien des hommes et rien
« de toi ! Apprends-moi l'amour, et je saurai tout
« avec les hommes car je saurai tout avec toi ! »

— Est-ce tout ?

— « C'est tout ! »

— Maman, dis !

— O enfant, je puis le dire : Papa céleste ! je suis
toute petite et bien inférieure devant les hommes
et devant Toi ! Donne-moi l'amour ! apprends-moi
l'amour ! et je saurai tout avec les hommes, car je
saurai tout avec toi !

— Petit Papa spirituel, dis à petite maman une
parole pour moi !

— « O mon Dieu ! comme j'aime ce tout petit que

« par Toi j'enfante à la vie ! donne moi d'aimer
« celui qui me combat, me hait ou m'aime, quel-
« qu'il soit ! beau ou horrible ! tout petit à la ma-
« melle ou tout usé par les ans »

« O mon Dieu ! Que ta sainte volonté s'accom-
« plisse !

10 mai.

Mère ! aime !

N'aimè-je pas, mon enfant ?

O Mère ! tu n'aimes pas quand tu te raidis contre
l'amour et ses inspirations ! Tu n'aimes pas quand
ton cœur s'offense ou s'attriste pour l'erreur d'un
frère et quand il se détourne, non d'une pensée
d'amour, mais d'un effort d'amour ! car alors, o
ma mère, ton cœur oublie Dieu, notre Père, qui
soutient tous ses êtres ! ton cœur ainsi oublie les
Protecteurs aimés, Pères et Mères spirituels, qui
sont commis à ta garde pour t'aider en ta tâche qui
s'étend à tous parce que par toi, o Mère bien aimée,
tous, au mal ont été enfantés ! Que ta prière donc
s'étende sur tous pour les vivifier tous ! et tu les
nommes tous ! et tu nommes tous tes fils quand tu
nommes les grands parents et leurs bien aimés pères
et mères, frères et sœurs, fils et filles ! O Mère !
l'humanité entière te réclame ! donne ta vie pour
elle !

— Quel don lui dois-je de ma vie, mon enfant
bien aimé ?

— O Mère ! l'exemple de ta foi en tous tes efforts !
souviens-toi ! tout effort oublié, inachevé ou bien

abandonné est un manquement à l'amour et à la
foi !

A l'amour envers Dieu ! envers nos Protecteurs !
envers chacun de nous !

A la foi envers Dieu ! en sa justice, en sa bonté,
en sa puissance et en le soutien immanquable des
Esprits protecteurs ! les tiens ! les nôtres à tous !

— Tout cela est vrai enfant ! Mais si les enfants
sont petits, les mères le sont aussi !

— O Mère bien aimée ! *Nul, sur terre, n'est fort
comme une Mère ! Une Mère qui aime, o Mère !
c'est sur notre Terre, la manifestation de la force
divine. Aime donc tes enfants ! toute la race humaine dévoyée !... et espère !*

*Tu le sais bien, o Mère ! Dieu n'entre pas en
jugement avec l'homme ! Il lui donne le temps et
le moyen de se développer, de grandir et s'élever
par l'amour et la foi ! Aie donc confiance ! Tes faiblesses et tes vices, les ignorances et les manquements n'entrent pas en compte devant Dieu ! tu
t'en dégageras peu à peu dans la longueur des
temps !... Mais ce qui entre en compte devant Dieu,
o ma Mère ! c'est la possibilité de faire et la négligence apportée à l'effort compris...*

O Mère ! souviens-toi !

16 mai.

— Mère ! j'ai faim !
— De quelle faim ?
— De celle qu'un baiser maternel satisfait !
— Que dois-tu faire ! que peux-tu faire pour l'ob-
tenir ?

— Je dois faire un effort du cœur, un effort de l'esprit.

— Quel est l'effort du cœur ?

— Une prière d'amour pour toi, pour tous !

— Pourquoi pour moi ?

— Parce que tu es pour moi l'instrument de Dieu !

— Quelle est donc cette prière ?

— O Père ! qu'à toute mère comme à la mienne soient : amour au cœur ! courage au cœur ! douceur au cœur ! »

— Quel amour au cœur des Mères ?

— Celui de Dieu ! c'est le seul amour qui donne toujours force en tout effort.

— Et quelle douceur à leur cœur ?

— Celle du soutien de leurs Protecteurs !

— Pourquoi leur faut-il donc tant de courage au cœur ?

— O Mère ! c'est qu'il faut beaucoup d'amour pour ceux auxquels le devoir les lie.

— Quels sont-ils ?

— Ce sont leurs Père et Mère, leurs frères et sœurs, leurs fils et filles, leur époux !

— Quel est donc leur devoir envers eux ?

— Satisfaire à ce que réclament chacune de leurs faiblesses, chacun de leurs besoins !

— La tâche familiale est donc une tâche fraternelle ?

— Oh oui, Mère ! et c'est la plus sublime !

— En quoi est-elle plus sublime que la tâche fraternelle filiale ou maternelle ?

— En ce qu'un seul être peut la remplir avec soi.

et qu'imposant à la fois toutes les charges et tous les devoirs elle fait grand devant Dieu et devant les hommes celui qui l'accomplit !

— Alors, mon enfant, peu sont aptes à remplir la tâche familiale ?

— Oui, Mère ! mais elle est l'aspiration même de la Nature et quand ce sera compris tous en ressentiront la douceur.

— Est-ce donc difficile à comprendre ! et ces devoirs sont-ils durs à remplir ?

— Non, mère ! car *amour et vérité rendent tout facile et bon.*

— Quel est donc l'amour que réclame la tâche familiale ?

— L'amour pur, fort, saint, fraternel pour l'époux, pour l'épouse.

— L'aspiration des sens n'est-elle pas nécessaire ?

— O Mère ! *elle est toujours en accord avec l'amour fraternel, parce que l'amour fraternel n'exclut pas la raison.*

— Définis l'amour fraternel.

— *C'est le pur et tendre lien qui unit deux êtres doués de sentiment et de raison, quelle que soit la divergence de leurs aspirations quand elles convergent à un même but : Accomplissement du devoir qui s'impose !*

— Mais si les divergences éloignent du but ?

— *L'amour fraternel résiste toujours aux divergences de but,* mais la réciprocité n'existe plus quand un seul se soumet au devoir.

Dans le mariage, le devoir devant être le vouloir
commun, c'est sacrilège que s'unir à un être inca-
pable de remplir sa part dans la tâche familiale !

— Qui enseigne cela mon enfant ?

— Ce sont nos Protecteurs, o Mère ! Ils crient de
toutes parts que *les liens du corps doivent être la
confirmation d'une loi sainte à laquelle deux esprits conscients se soumettent par amour dans la
connaissance et le respect du devoir qu'ils s'imposent.*

— Ce devoir est-il toujours doux ?

— C'est le plus doux de tous, Mère ! car il com-
porte la satisfaction de toutes les aspirations du
cœur, de la raison et des sens !

— La satisfaction des sens est donc un bienfait ?

— O Mère ! *C'est un bienfait pour celui qui en
elle honore et bénit le Créateur et la Nature qui
donnent toujours une douceur dans les efforts
auxquels ils convient.*

— Quelle est cette douceur ?

— *Le baiser d'amour dans l'union des cœurs et
des esprits est le bonheur suprême puisqu'il fait
doux les durs efforts de la tâche familiale : création
de la famille et éducation des enfants.*

— Est-ce tout ?

— C'est tout !

Quand toute mère dira cela à son enfant, fils ou
fille! la jeune fille et le jeune homme ne s'égareront
plus dans leurs pensées et leurs désirs... mais ils
étudieront la tâche pour la comprendre et s'adonner
aux efforts qu'elle réclame! Alors nous serons tous.

frères et sœurs, car nous comprendrons tous que c'est un crime lèse Nature que de priver un être du bonheur que donne l'accomplissement du devoir, en le faisant se dépouiller du respect qu'il se doit à lui-même. O Mère ! nous devrions tous être jaloux de la dignité de notre semblable ! *Respecter son prochain quel qu'il soit, c'est accomplir le devoir premier, fondamental :* « Ne fais pas à autrui ce que tu ne voudrais que l'on fît à toi ! à ton Père, à la Mère, à ta sœur, à ta fille, à ton fils ! »

O Mère ! *la vérité est pure et belle ! aime-là ! En l'aimant, tu adores Dieu et tu respectes ses lois !*

16 avril.

— Mère ! donne-moi ton baiser !

— Mon enfant ! le baiser de la mère est toujours sur le front de l'enfant ! le baiser éternel et puissant de la mère, *c'est sa prière à Dieu.*

— Quel est l'objet de sa prière ?

— Tout ce que réclame l'enfant !

— Que réclame-t-il ?

— Cherche, mon enfant !

— Mère ! quand mon corps est rassasié, bien vêtu, à l'abri, rien ne lui fait défaut.

— Et que faut-il à ton esprit ?

— Ce qui lui est nécessaire pour grandir, se fortifier, se préparer pour le travail qui pourvoira à mes besoins.

— Où le trouve-t-il ?

— Dans les bras de sa mère quand, en priant, en

l'enveloppant de son tendre regard, elle le berce,
l'allaite, le lange, le caresse, car vois-tu, Mère,
c'est par le *regard* que l'enfant aspire de sa mère la
vie, la *pensée*, l'amour qui l'animent.

— Quelle est la force du tendre regard de la
mère sur l'enfant?

— Le regard de la mère est *sa prière sur l'enfant qui sommeille!* et quand il veille, c'est *sa
leçon d'amour!*

— Comment, en son sommeil, l'enfant sent-il la
douceur du regard de sa mère?

— Par le bienfait qu'il ressent.

— Définis ce bienfait.

— Lorsque en mon sommeil ton regard est sur
moi, les âmes d'amour entourent mon berceau,
j'en ressens les effluves! et à l'état de veille, j'ai
des joies intérieures qui font que je chante.

— Et que ressens-tu quand mon regard pour toi
n'est pas porté vers Dieu?

— Je me sens dans le vide! Je suis mal! mon
esprit s'égare! il est comme la feuille que l'air tient
en suspens!

— Et ton corps, qu'éprouve-t-il?

— Mon corps vit toujours! mais *mon esprit qui
l'abandonne* laisse libre la place *aux Esprits de bon
ou de mauvais vouloir.*

— Ainsi, tu discernes les uns et les autres!

— Oh! oui! car les *Esprits bons font en moi un
calme bienfaisant!* mais les *Esprits mauvais me
font souffrir!* Je dis mauvais, car mon corps souffre,
se tord! et je gémis! et toi tu pleures!

— Alors mon enfant, ton sourire est celui de ton bon Ange ! et ton cri de souffrance est celui qu'involontairement pousse un Esprit souffrant !

— Oui, Mère ! mais *toute mère reçoit de Dieu le don d'attirer* autour de son enfant tous les Esprits d'amour et celui *de le dégager de tout ennemi de* la lumière ou de tout ennemi personnel.

— Pourquoi chaque mère ne le fait-elle pas ?

— *Parce qu'elle l'ignore !*

— Et toi, mon enfant, pourquoi le sais-tu ?

— Parce que mon destin est le tien, ô ma Mère ! A toi il appartient de le faire connaître ! L'un et l'autre, nous devons apporter la lumière d'amour et de vérité.

— Alors, pauvre petit, tu es l'interprète de tes Protecteurs ?

— Mère ! de même que la mère est l'*instrument d'amour des Protecteurs de son enfant*, ainsi l'enfant est pour sa mère un instrument d'amour.

— Ainsi, mon bien aimé, toute vérité s'enseigne par des petits ?

— Oui, Mère ! car ces petits viennent humblement rappeler en leur petitesse ce dont l'homme perd la notion en grandissant ! et c'est pour cela que Dieu fait rayonner d'amour une face d'enfant et une face de mère ! *Petit enfant et petite mère sont les missionnaires de Dieu.*

— *Valent-ils plus que leurs frères ?*

— Oh ! non ! mais leur cœur et leur esprit sont portés au besoin d'aimer ! *L'amour est leur loi.*

— L'amour n'est-il pas la loi du père ?

— O Mère ! *un petit enfant a toujours une mère !
mais pas toujours un père ! Le petit enfant, presque
toujours, sur terre, est un orphelin !*

— Sais-tu pourquoi ?

— C'est parce que sa mère n'a pas su ce que
c'est qu'aimer !

— Comment cela, mon enfant ?

— Vois-tu, Mère ! la jeune fille et le jeune homme ne
connaissent pas l'amour ! ils ne peuvent donc aimer.

— Mais mon enfant, ils n'aspirent que l'amour !

— Oh ! non, Mère ! ils n'ont aucune aspiration
d'amour.

— Définis l'amour, alors !

— *Aimer, mère, c'est désirer aimer ! c'est désirer
donner.*

— Aimer quoi ?

— Aimer un être apte à remplir un devoir.

— Quel devoir ?

— Celui d'élever un ou plusieurs enfants.

— N'ont-ils pas ce devoir pour but ?

— Oh ! non, mère ! ils ont besoin de se presser,
de se connaître ! mais pas celui d'aimer.

— Je ne comprends pas, mon enfant.

— Mère ! ils ne peuvent aimer en dehors d'eux,
puisqu'ils n'aiment pas Dieu !

— Mon enfant ! peu connaissent Dieu et sa loi
d'amour, c'est vrai ! mais tous sont-ils sevrés des
sentiments naturels ?

— Mère ! les petits d'animaux vivent, ressentent,
aspirent la vie par la seule puissance de la loi
d'attraction qui régit la matière.

Les petits enfants *vivent, ressentent et aspirent
la vie selon la puissance de tendresse qui, sous le
regard de Dieu, préside à leur venue!* car leur
venue impose un devoir à leur parents : celui de
les instruire de la loi de vie, qui fait tout radieux et
calme sur la terre. *L'enfant, ô mère, doit être un
fruit de vie et non un fruit de mort!*

— Tu as raison, enfant! *Le devoir oblige l'homme
envers l'enfant, selon la loi d'amour dont tu parles : la loi de Dieu! car la loi d'amour, c'est-à-
dire la loi du devoir, oblige l'homme envers l'enfant
selon la loi humaine. La loi humaine et la loi
divine sont donc une, quant au devoir qu'elles
impliquent! mais la loi humaine ne reçoit sa
sanction que de celui sur lequel la loi divine
exerce sa puissance, car matériellement, le devoir
ne s'impose pas.*

La loi divine impose le devoir à l'homme qui
croit au précepte : « *Aime ton prochain! aime
Dieu!* » car l'un est la sanction de l'autre! *La loi
humaine n'exerce de pression sur l'homme que
lorsqu'elle va de pair avec la loi divine.*

— Cela est ainsi, ô ma Mère! Voilà pourquoi
chaque homme apporte en renaissant l'enseignement divin! l'enseignement d'amour! et que chaque
mère, en enfantant, s'enseigne divinement de la
douce loi d'amour, que ne peuvent enseigner ni
celui qui *nie Dieu*, ni celui qui veut en *imposer la foi*.

Amour et foi ne s'imposent que d'eux-mêmes,
par le fait de l'homme qui médite à la fois sur les
enseignements de l'esprit et sur ceux de la matière.

Partout, ô Mère! l'homme met des digues au débordement des grandes eaux! partout il fait effort pour assainir les lieux infects! et c'est bien! Mais il a des digues à mettre à ses passions et à ses ambitions! car ce sont elles qui font qu'il repousse les devoirs que lui imposent l'amour, le droit et la raison!

Mon bon Ange t'a parlé par moi, aujourd'hui, ô ma Mère! Bénis Dieu!

18 avril.

— Mère! y a-t-il sur terre un être qui plus que son enfant réclame un cœur de femme?

— Il y a *Dieu*, mon enfant! car nul ne peut sans lui!

— Tu aimes Dieu plus que moi, alors?

— J'aspire tout de Dieu pour toi! Sans Dieu! *sans son secours, je suis ce que m'a faite mon passé! inconsciente! ignorant tout devoir*, ou si le connaissant, *fermant l'oreille à son appel.*

— Alors pour toi, Mère! *Dieu* c'est la force du *devoir.*

— Oui! car sans sa pensée et sans son secours, il n'est nulle force!

— Cependant, Mère! il y a des savants et des sages qui ne recourent pas à Dieu et auxquels nul n'a rien à reprocher.

— Cite-les, mon enfant!

— Je ne sais, Mère!

— Alors quelle est la valeur de ton dire?

— La valeur universelle!

— Enfant! s'il en est ainsi, en te jugeant, tu juges l'humanité.

— C'est vrai! mais il en est qui des lèvres honorent Dieu et le nient en leurs œuvres!

— *Rien ne sert, tu le vois, de prendre le nom de Dieu à témoin!* L'homme a le jugement! le Christ n'a-t-il pas dit : « *Vous connaissez un arbre aux fruits qu'il porte! Donc tout arbre qui ne porte pas de bons fruits est un arbre mauvais.* »

— C'est juste, Mère! Eh bien! explique-moi le sens de ces paroles? « *Tout arbre mauvais sera coupé et jeté au feu.* »

— Mon enfant! ce feu est un feu spirituel! c'est l'emblème du jugement qui fait justice de toute erreur.

— Alors, que restera-t-il à l'homme des enseignements qui lui ont été donnés au nom de Dieu?

— Il lui restera tout ce qui est en accord avec ceci : « *Vous êtes tous frères! Un est votre Père! Dieu! C'est à l'amour qui vous animera que l'on reconnaîtra que vous êtes fils de Dieu!* »

— Que sera-t-il alors de ceux qui n'aiment pas?

— *Ils seront sous le coup de la justice humaine sur terre, et sous le coup de la justice divine à leur retour dans l'espace.*

— Mère! la loi humaine est donc conforme à la loi divine?

— Mon enfant! *Le principe républicain est un principe divin! il fait tous les hommes égaux et libres, tant qu'ils sont fidèles au principe : Fraternité!*

— Alors, pourquoi ces disputes entre les hommes, si tous acclament le principe républicain ?

— Il en est du *principe républicain comme du principe divin !* Aujourd'hui, le jugement humain est mûr pour *contrôler les actes qui démentent le principe,* car l'amour est le fond unique du principe : *Aime !* et du principe : *Respect au droit de tous !* Il n'est pas besoin de s'appuyer des attestations d'un homme, pour l'approuver ou le blâmer, et si ses actes sont contraires au principe républicain, ils sont le témoignage de sa perversité, de son égoïsme ou de sa lâcheté ! *qu'il se dise républicain, ou qu'il se dise : Déiste.*

— Alors, Mère ! que ressort-il de l'état actuel ?

— Qu'il ne peut subsister qu'à l'aide d'arguments faux, puisqu'il est fondé sur *l'arbitraire,* en déchéant un être de ses droits.

— Mère, cet être, c'est toi ! c'est la *femme !* que le principe républicain met hors la loi !

— Mon enfant bien-aimé ! ce n'est point le principe républicain qui exclut la femme du *droit commun !* mais ce sont ceux qui le combattent !

— O Mère ! il est des hommes dévoués au principe républicain qui excluent la femme de ses droits, en prenant pour prétexte sa *vanité,* son *ignorance,* sa *légèreté !*

— Mon enfant ! *quand tous les hommes seront intègres, droits et purs, ils ne condamneront pas la femme, mais ils lui tendront la main !*

En tous les temps, la femme fut le bouc émissaire de l'homme ! Aujourd'hui, le temps fait justice de cet arbitraire! Le Christ a dit : « *Que celui qui est sans péché lui jette la première pierre!* » Redis cette parole, mon enfant! et tu connaîtras s'il en est qui ont droit de le faire à un titre quelconque.

Jusqu'ici la force a régné! Le principe *Aime* a mis dix-huit siècles à enfanter le divin principe : *Liberté! Égalité! Fraternité!* Eh bien, donne au principe républicain le temps d'accomplir son œuvre! *L'Amour!* *Dieu!* l'a enfanté! il lui donnera vie! il lui donnera la force de se développer et grandir, en élaguant de ses branches vivaces tout ce qui tend à l'arrêter en sa croissance.

Aime Dieu! aime ta Mère dont il est le soutien, car jusqu'ici, enfant, tu n'as eu que ta Mère pour suffire à tes besoins et te soutenir en tes faiblesses.

— O Mère! la femme nous égare!

— Interroge-toi, enfant! et tu sauras me dire quel est celui des deux qui tend un piège à l'autre!

— Mère! la femme excite nos sens par ses ingé-nuités à son âge d'enfant,

— Mon fils! les attractions de la Nature exercent leur puissance sur tout ce qui existe! *et toute la force du jugement est sur celui qui le porte!*

Les attractions de l'amour sont égales sur la femme et sur l'homme! L'homme n'a donc pas à se prévaloir de la puissance qu'un regard de femme exerce sur lui! mais il doit se pénétrer du peu de puissance que l'*amour* a sur lui! Tu me comprends!

— Oui, Mère! Nous ne cherchons que le fruit nouveau!... qu'il soit d'aspect charmant ou non! et nous ne nous inquiétons nullement des conséquences .

qui, logiquement, devraient retomber sur nous, et que, lâchement, nous laissons retomber sur la mère et l'enfant! Oh! cela, Mère! c'est une honte sur un front d'homme!

— Tu l'as dit, mon enfant! et c'est le grand crime de l'homme envers la Nature, qui impose à tous la loi du travail, parce qu'à tous elle impose la loi d'amour.

— Mère! c'est de cette vérité qu'il faudrait pénétrer l'homme!

— Oui, mon enfant! et que ce jugement, qui te pénètre aujourd'hui, devienne ton critérium en tous tes jugements sur les fils des hommes, soit qu'ils proclament Dieu pour imposer sa foi! soit qu'ils proclament le principe républicain en le déniant en leurs actes!

L'homme et la femme sont égaux devant la loi d'amour et la loi du travail! ils doivent donc être égaux devant les droits et les devoirs!

Souviens-toi!

14 avril.

— O Mère! j'ai faim! entends mon appel.

— Quelle est ta faim?

— J'ai faim du rayon de soleil sur l'herbe humide et tendre! J'ai faim d'une main d'amour pour soutenir mes pas chancelants! J'ai faim d'une fleur d'amour pour parer mon sein! J'ai faim d'un mot d'amour pour réchauffer mon cœur! Enfin, Mère! j'ai faim de tout ce qui fait besoin au cœur, à l'âme, au corps.

— Mon enfant, ton besoin d'amour est le besoin de tous ! c'est celui de l'Esprit du plus infime degré et celui de l'Esprit de l'ordre le plus élevé ! *C'est l'amour qui fait homme ! et c'est l'amour qui fait Dieu ! Être homme et Dieu, telle est la destinée humaine !* Rends donc louange à ce Père céleste, qui si puissamment mit la vie en toi que, *tout en restant homme, tu peux te faire Dieu !*

Chante l'amour, mon enfant ! car il n'y a point de fausse note en lui ! Dans tous les échelons, il se trouve accolé au grain de poussière, à l'atome invisible, à la génisse pleine, au lézard qui étend son frêle corps au soleil pour l'y réchauffer et féconder le fœtus informe que l'amour instinct a fait naître en lui !

O mon enfant ! *le divin est en l'homme ! c'est l'amour ! car c'est l'amour qui de toutes les familles humaines fait une famille ! A l'amour ! reconnais ta destinée sublime ! et crois que le fruit de l'amour humain n'est pas le corps qui naît à l'ombre d'un baiser, mais que c'est la flamme vive qui, à tout front noirci, met l'auréole du génie, et à tout cœur brisé donne le baume d'amour qui fait l'homme libre, puissant, joyeux et fier des hautes destinées que révèlent en lui les nobles pensées, les dévoûments sublimes que le cœur conçoit et sans peine exécute, soutenu qu'il est par l'ami invisible, qui du sombre aux splendeurs le conduit en priant.*

O mon Dieu ! je te prie sur mon enfant !

Qu'en son cœur, qu'en son âme, les germes fécondants développent leurs tiges et leurs fortes ra-

cines ! Qu'à d'autres mains, ses mains s'enlacent !
et qu'il chante avec tous, le chant divin ! l'Amour !
qui, par ta toute puissance, fait des cœurs désunis
un seul cœur ! et, des esprits contraires fait un seul
esprit.

L'amour, c'est la foi ! il fait l'homme libre des
durs liens du passé !

L'homme qui ne nomme pas Dieu, et celui qui
le nomme désignent ainsi l'Amour : Liberté, Egalité, Fraternité ! Ce mot : Liberté dit la foi de
l'homme en ses destinés sublimes ! le mot Egalité
est le sceau du divin en l'homme ! et la Fraternité
est le couronnement indéfectible de toute liberté et
de toute égalité puisque c'est le pur sentiment qui
fond de tous les cœurs les sentiments hostiles.

O homme ! Que l'Amour t'ait fait naître sur les
bords du Gange, du Tibre, de la Seine, des mers
glaciales ou des tropiques, tu es fils du Très Haut !
et une loi unique peut resserrer tes liens et faire
un tous les cœurs ! faire un tous les vouloirs sous
l'œil divin qui te couvre de sa tendresse pour que
librement tu fasses de sa loi, ta loi !

Crois-le ! tu ne te développeras, tu ne grandiras
et tu ne sortiras de tes ornières profondes que par
la force de l'Amour dans la Liberté, l'Egalité ! la
Fraternité ! Fais ainsi ta prière : O Père ! bannis de
mon esprit toute vaine pensée ! et qu'une seule volonté soit la mienne : Ta volonté !

20 avril.

— Mère! pourquoi pleures-tu?

— Cherche, mon enfant! car l'enfant sait tout sur sa mère.

— Mère! je sais tout ce qui frappe mes sens! mais rien autre!

— Cherche bien!

— O Mère! ne sont-ce pas mes sens qui sont émus quand ton regard me parle?

— Réfléchis bien!

— Mère! malgré moi j'ai nommé la *conscience!* Je n'y crois pas!

— Pourquoi?

— C'est un non sens! Nous sommes matière!

— Mon enfant! nous sommes *matière et esprit! La matière nourrit la matière! et l'esprit nourrit l'esprit!*

— Je ne comprends pas!

— Dis-moi, mon enfant: quelle est la nature de ton besoin d'aimer?

— Un besoin ...tériel! un bien être matériel!

— Définis tes bien être!

— Mère! la matière est tangible, pondérable! Dans l'électricité, elle est impondérable.

— Bien! mais l'électricité agissant sur la matière est une force matérielle. Donc, si l'électricité est une force matérielle impondérable, il y a dans la Nature, des corps que l'homme ne peut analyser puisqu'il ne peut les percevoir en dehors leurs manifestations.

Cela est vrai, Mère !

Et bien ! s'il y a des forces matérielles que l'homme, matière pesante, ne peut analyser, il peut y avoir en lui des forces impondérables qu'il ne peut analyser au moyen de ses sens matériels.

— C'est vrai, Mère ! mais chaque jour la Nature révèle de nouveaux secrets à la science.

— L'homme ne connait donc pas tous les mystères de la Nature ?

— Non, Mère ! mais la Nature ne révèle que des forces matérielles.

— Désigne-les !

— Je ne sais pas, Mère !

— Voyons, si tu raisonnes, raisonne ! La Nature, dis-tu, ne révèle que des forces matérielles. Pourquoi dis-tu *que ces forces ne sont que matérielles si tu ne peux les analyser au moyen de tes sens ?*

La Nature t'a doué de la faculté de penser, d'agir. Explique-moi en quoi la *pensée tient à la matière ?*

— Je ne sais pas !...Pour moi, c'est comme une étincelle électrique !

— Bien ! sur quoi agit-elle ?

— *Sur mon être indéfinissable que je nie parce que je ne le vois pas et parce que je ne veux point avoir une âme indépendante de la matière, pouvant s'en dégager et agir en dehors des besoins et aspirations matériels.*

— Pourquoi ne *veux-tu* pas ? Ton vouloir pèse-t-il dans les déterminations qui ont force sur la Nature et sur l'Univers ?

— O Mère ! mon vouloir n'est que personnel ! il ne

doit exercer de pression que sur moi-même pour
me mettre en accord avec la loi : *Aime !*

— Ton vouloir est donc dépendant d'un vouloir
qui s'impose à toi : le *Vouloir de tous !* Cette puis
sance *du vouloir de tous est-elle matérielle ou im-
matérielle ?*

— Mère ! le *vouloir de tous* est la condition de
l'être humain !

— Bien ! *mais quel est donc le vouloir qui peut
agir sur l'homme si l'homme n'est que matière, et
uniquement matière* comme tu le dis, car la *loi ou
vouloir universel est une parcelle de toi-même, et
elle ne reprend ou condamne que des actes déraï-
sonnables. Or, pèse la raison, et dis-moi à quoi
elle sert.*

— Elle sert à peser ses actes !

— Lesquels ?

— Tous ceux qui attentent à la vie, au bien, au
droit de chacun.

— Et bien, mon enfant, si l'homme n'est qu'un
être matériel il ne peut avoir que des besoins matériels, boire, manger, dormir dans la mesure des besoins propres à chaque tempérament : un enfant de
quinze jours ne prend pas les aliments que digère
un homme ! ni un homme ne prend pas ceux que
digèrent le bœuf ou l'éléphant, chacun a la dose en
dehors de laquelle il n'a nuls besoins !

Si donc il a des besoins en dehors de ceux-ci,
c'est qu'il y a en lui un principe que ne fournissent
point les éléments matériels. L'homme connaît-il
les principes essentiels des éléments matériels ?

— Non, Mère ! il les constate seulement.

— Alors la pensée, le sentiment, le vouloir, la raison sont cependant des forces qui ont puissance sur l'homme et qui, à ton sens, je pense, ne lui sont point inutiles puisqu'elles sont l'élément de progrès par lequel l'homme s'affine en tout, intellectuellement, moralement, matériellement, spirituellement.

— Cela est vrai, Mère ! sans ces facultés l'homme n'est qu'un animal.

— En développant ses facultés, l'homme crée en lui un homme nouveau car l'on ne peut comparer l'homme de nos jours à celui qui, dans le passé, forçait sa victime à boire dans le crâne de son père.

— Mère ! cela est une monstruosité de la Nature !

— Comment ! la Nature crée des monstruosités !

— Oh ! mon cerveau se perd ! Qu'est-ce qu'un monstre ?

— C'est un être qui n'a rien des sentiments naturels !

— C'est vrai ?

— Et bien dans l'ordre des sentiments naturels il y a l'amour, la foi, la raison, l'amour du travail.

— Pourquoi cette gradation ?

— Voilà ! L'amour est en cause dans toutes les créations naturelles puisque la faculté de procréer est l'éternelle loi de la Nature,

— C'est vrai !

— Cette loi appelée instinct chez l'animal, le porte à se détruire car la force de procréation est telle en lui que, si la Nature n'y mettait des bornes, l'homme n'aurait point sa place sur terre !

— C'est vrai, Mère! *La destruction de l'animal par l'animal est une loi naturelle! ce n'est donc pas une monstruosité... tandis que la destruction de l'homme par l'homme en est une!*

— Tu l'as dit, mon enfant! car l'espace est à l'homme! et bien des coins de la Terre sont inhabités.

— Mais, Mère! s'ils vivaient le nombre de leurs ans! la terre ne pourrait les porter!

— O mon enfant! *ton jugement est fallacieux! La procréation chez l'homme n'est pas en raison du développement de ses facultés, mais en raison du manque de développement des facultés sentiment, savoir, raison.*

— Comment, Mère? N'est-ce pas l'amour qui réunit les corps?

— *L'amour unit les cœurs et soumet les esprits!* L'amour étant cause première dans la loi du travail, l'esprit s'interpose et pèse les conditions qu'impose à l'homme et à la femme la création de la famille. Ces conditions posées, l'homme et la femme jugent s'ils peuvent y satisfaire!

— Comment, Mère? tu imposes des conditions à l'amour?

— Mon enfant! *L'union d'amour n'est pas simplement une union corporelle! c'est l'union de deux esprits qui, s'ils sont contraires en aspirations et vouloirs, ne peuvent rester unis. L'union des cœurs doit exister, car sans elle l'esprit est sans force pour la tâche familiale.*

— Cela est vrai, Mère!

— Il y a donc une *différence* capitale entre la *procréation humaine et la procréation animale,* puisque l'animal, lui, ne pèse rien, mais se soumet instinctivement à l'attraction des corps.

— C'est ainsi !

— Explique le pourquoi de cette différence.

— L'animal cherche sa nourriture et la trouve dans son pâquis, dans les terres incultes !

L'homme, lui, se crée des instruments de travail pour tout affiner autour de lui, car ses besoins se multiplient en raison de ses efforts, pour les mettre ensuite en harmonie avec les sages lois de la Nature.

— Bien ! Maintenant, explique le pourquoi de cette différence ! *Y en a-t-il une entre la matière humaine et la matière animale ?*

— Non, Mère ! c'est la même !

— Alors, explique la raison pour laquelle la Nature impose à l'homme la loi du travail, tandis que l'animal n'a qu'à brouter l'herbe, la racine ou l'arbuste ! explique pourquoi elle lui donne chaude toison ou peau durcie, qui résiste à la balle meurtrière, pendant qu'elle fait l'homme nu, faible, délicat, au milieu d'êtres qui, par milliers, sont forts pour le détruire ?

— *Mère ! la raison est visible ! mais l'homme évite de la sonder ! parce que chez lui règne la loi du plus fort ! et c'est cette loi qui cause toutes les horreurs qui désolent la terre.*

— Alors, c'est consciemment que l'homme se refuse à chercher ?

— Oui, Mère!

— Et toi, que dis-tu?

Je dis qu'il y a *une loi! l'Égalité!* devant la
Nature, pour la race humaine et pour toute race!
et que l'homme, qui détruit cette loi *d'égalité,
commet une monstruosité! Cette loi étant dans la
Nature, l'homme doit la respecter! car, en accla-
mant un principe de liberté, il acclame un principe
spirituel! celui de la raison, qui prime la matière!
Or, la matière ne peut être primée que par une
force qui lui est supérieure! cette force: la raison!
étant une force spirituelle et intellectuelle, prouve
qu'une force spirituelle et intellectuelle s'impose à
lui comme à la Nature.*

C'est tout ce que je puis dire, Mère! Je suis
vaincu par mes non-sens et par mes dénégations.
Pardonne-moi!

— Va, mon enfant, et réfléchis!

21 avril.

— Mère! hier, je n'ai point trouvé la cause de
tes larmes!

— N'as-tu pas réfléchi depuis hier?

— Mère! ta logique est trop forte! elle me confond.

— En quoi la logique peut-elle confondre un être?
Un rayon de lumière ne vivifie-t-il pas? la logique
profonde n'éclaire-t-elle pas?

— Si, Mère!

— Alors, mon enfant, si tu interroges ta Mère,
c'est pour la connaître en son âme?

— Oh ! non, Mère ! nulle âme ne m'intéresse ! Ce qui m'intéresse, moi ! c'est ton sourire, c'est ton baiser ! c'est ton encourageante parole ! c'est cette force d'amour qui fait qu'en ton regard je trouve la vie ! la force ! le soutien !

— Bien, mon enfant ! Mais, dis-moi : Je suis un être humain, n'est-ce pas ? Comme toi j'ai besoin d'amour, de vie, de lumière, et puisque tu ne les trouves pas toujours en moi, c'est qu'ils me font défaut.

— O Mère, tu n'as pas nos besoins, nos petitesses, nos faiblesses !

— Sur quoi te bases-tu pour parler ainsi ?

— Sur ce que je vois, ô Mère !

— Que vois-tu donc !

— Si ton regard est triste, ta parole, pour moi, est toujours d'amour tendre, profond et sage !

— Et puis ?

O mère ! pour trouver en soi, toujours, malgré tous ses combats, malgré toutes ses alarmes et toutes ses peines, *une force d'amour, de lumière et de foi*, il ne faut point être comme nous !

— Dis, mon enfant, quelle différence existe entre toi et moi ?

— Hors le sexe, Mère ! il n'y en a aucune !

— Alors, si le corps est semblable en besoins et devoirs... quelle différence entre nous ?

— Immense, Mère ! Toi ! *la femme enfin ! c'est le front qui s'incline ! c'est la main qui se tend ! c'est le cœur qui s'ouvre à l'amour, à la foi, à la tendre pitié !* Moi, Mère ! nous tous, hommes ! *lorsque*

notre front s'incline, c'est qu'il est humilié! quand
notre main se tend, c'est pour notre besoin! quand
notre cœur saigne, ce n'est que pour nos plaies!

— Tu t'égares, mon enfant!

— Oh! non, Mère bien-aimée! Rien, en dehors
de nous, ne réclame pitié! amour, bienfaisance!
Notre pitié! c'est la froide raison qui nous crie :
C'est une honte à l'homme, qu'un homme qui se
vautre dans l'orgie! dans la fange!

C'est une honte à l'homme, qu'un enfant orphelin!
sans père! sans mère!

C'est une honte à l'homme, qu'un vieillard qui
mendie!

Et sous notre parole, l'Asile, le Refuge, l'Hôpital,
tour à tour s'élèvent!..... Ils ont suivi l'édifice où
s'abritent le voleur, l'assassin! le bandit, que de
nos murs nous ne savons exclure, et que, dès leur
jeune âge, nous ne gardons du mal!

O Mère! tout logis infect, toute rue boueuse,
noire, étroite, cul-de-sac informe où s'abritent les
hontes, n'offensent pas nos âmes pour les hontes
qu'ils abritent, mais seulement pour la déplaisance
du regard, car nous remplaçons ces lieux immondes
par des lieux plus immondes, en ces palais dorés
où s'affiche la honte! O Mère! la Mère et le fils ne
sont pas même race.

— Que déduis-tu de tes paroles?

— Que ma nature indigne refuse ce que tu ac-
ceptes!

— Raisonnons, mon enfant! *Pourquoi l'homme*
prive-t-il la femme de ses droits?

— Mère ! tu connais nos arguments : Faible se de jugement ! vanité ! orgueil !

— Et ton jugement à toi... que devient-il ?

— Le voici : A notre Mère ! à notre sœur ! à notre femme ! à notre enfant ! nous refusons tous droits, car leurs faiblesses sont les nôtres ! mais ces faiblesses, nous les développons à l'envi ! Si elles n'existaient pas, ô Mère ! elles nous seraient supérieures..... et nous ne le voulons point !

— Ainsi, de ton aveu, mon fils ! vous êtes fils du progrès et de la raison ! vous êtes fils de la science ! et devant tous vous ceignez les palmes de la gloire ! N'êtes-vous pas conscients des hontes qui vous souillent quand elles souillent la femme ?

— Nous le sommes, ô ma Mère ! mais nous ne voulons pas que la mère révérée, sortant un jour des liens dont la brident nos lois, relève son front, et dise en sa douleur à son père ! à son fils, à son frère, à son époux : *Mon ignorance, tu la veux ! mes hontes, tu les veux ! mes douleurs, tu les veux ! Et, pour assouvir les ambitions infâmes et les passions cruelles ! tu me rives au poteau que condamnent tes lois !*

O Mère ! pardonne à ton enfant ! Je parle, aujourd'hui ! car malgré moi mon âme pense et contre moi s'élève ! O ma Mère ! pardonne ! Je connais la source de tes pleurs !... elle est en moi !... Longtemps elle me fut inconnue !... mais cette âme de foi qu'en toi je trouve, Mère ! en moi aussi je la découvre ! elle est inexorable, et je ne veux l'entendre ! O ma Mère ! pardonne ! Si du divin que je vois en ton âme, rien

en moi n'existait! je ne saurais trouver la source
de tes larmes! et, du berceau à la tombe, je ne
saurais aimer la Mère bien-aimée qui toujours, pour
reprendre eut, avec sa parole et son saint enseignement, le doux baiser de mère qui grave la leçon au
fond du cœur de son enfant, pour qu'un jour, en
flamme vivante, inextinguible et plus puissante,
elle se fasse entendre et lui fasse crier sur les toits:
La force des Mères est en toi! ô Père! notre Père!
Tu seras aussi notre force, quand de notre cons-
cience nous ne fermerons point les issues!

Je crois! ô Mère! et je dirai ma foi, car elle
s'appuie sur cet axiome sûr : « *Un bon arbre ne*
porte pas de mauvais fruits. » Si le fils de la femme
est pervers, ce n'est point parce qu'il vaut moins
qu'elle et que d'autres destinées que la sienne l'at-
tendent! mais c'est *qu'aveugle volontaire, il a*
fermé les yeux pour ne point voir la lumière de
raison qu'il invoque ici pour la nier là!

O mon Dieu! merci! O ma Mère! merci! O vous
qui me lirez, merci! car ces lignes, en vos cœurs
tombées, relèveront vos âmes et vous feront libres
des liens dont vous vous liez volontairement. Ces
liens, *ce sont les basses passions, source d'ignomi-*
nies, qui s'enfanteront sans fin tant que l'homme
niera la justice suprême! le progrès suprême,
auquel l'homme aspire, et qu'il n'atteindra que
lorsque de sa Mère, la sage Nature, il connaîtra
les lois pour les faire siennes!

Liberté! Égalité! Fraternité! sont le sommet le
plus élevé de la sagesse et du savoir humains!

Sondez vos cœurs! vos pensées et vos actes! Tout ce qui en eux ne contredira ces mots divins sera le fait de l'amour, de la foi et de la saine raison.

21 novembre.

Sœurs aimées!

Ces appels s'adressent à chacune de vous! ils se font à toute femme, qu'elle soit sœur, fille, mère, épouse! Toutes nous fûmes mères sans connaître ou sans comprendre l'appel divin en nous!

Aujourd'hui, je suis la plume des Protecteurs de chacun de vos aimés : fils! époux! frères ou pères!

Je suis, je fus moins que vous, puisqu'inhabile en tout, je n'eus la douce et dure épreuve de la maternité, contre laquelle jusqu'à ce jour je fus rebelle, étant rebelle au tendre effort qui sanctifie les mères : *le travail et l'amour!*

Tendres Mères! soyez heureuses et fières pour l'effort auquel vous donnez vos jours et vos nuits! Si vos fils sont ingrats encore, vos doux baisers de Mères! vos tendres enseignements fondront les révoltes de leur âme, et les soumettront tous à la loi de *l'amour* et à celle du *travail*, car seules ces lois font joyeux les cœurs et libres les esprits des jougs horribles du passé! jougs qui avilissent encore l'être humain qui se refuse à la tâche familiale!

Ce refus, cette honte furent les nôtres à tous en des milliers de vies!

Vous qui, aujourd'hui, avec amour et reconnaissance, avez accepté la sainte tâche familiale, bénis-
sez Dieu! et aidez ceux qui vous entourent à aspirer
vos joies! à en comprendre la pureté, afin qu'à leur
tour aussi ils se soumettent aux doux et durs efforts
auxquels les convie la loi d'amour et de travail.

L'enfantement ouvre le cœur de la jeune femme
à un amour, à un besoin d'amour ignoré par elle
jusqu'à l'heure bénie où dans ses bras gémit un
enfant!

Cet enfant, pour lequel elle est *l'instrument de
la tendresse divine*, sera un jour son Protecteur,
comme aujourd'hui elle est le sien! Dieu le met dans
ses bras, pour qu'avec elle il apprenne ce qui fait
défaut à la Terre: *L'Amour!* le *sentiment du
devoir!*

Toutes les douleurs qui désolent la Terre, en
déchirant le cœur des Mères et des enfants, déchi-
reront le cœur des Mères tant que leur esprit et leur
cœur ne raisonneront *leurs sentiments et leurs
besoins!* Pour les concilier tous, il faut qu'*amour et
raison* règnent en maîtres sous leur toit.

Est-ce possible à l'ouvrière au dur labeur, vous
dites-vous?

L'ouvrière est mère tendre comme l'est la riche
dame! L'une et l'autre ont l'entrave: *l'ignorance!*

S'instruire *d'amour* et de *devoir* est tâche qui
s'accomplit *sans livre* et *sans papier!* On peut filer
le lin, tisser la toile, coudre l'étoffe, faire quoi que

ce soit qui occupe la main, et *mûrir une pensée!* *une pensée de vie, qui pénètre l'enfant quand sa mère le regarde! Cette pensée de vie, c'est celle du jugement qui s'appuie sur l'amour!* Le Christ a donné ce jugement : « *Aime!* »

Tout ce qui contredit à ce mot est-il difficile à sonder, ô enfants! ô jeunes Mères! Méditez ces pensées : *La vie pour tous! le bien pour tous!* cela est doux à vos cœurs préparés pour l'amour et pour le jugement! Votre rôle est celui de *l'amour!* Apprenez-le! L'*Amour* est le grand vainqueur des maux qui désolent la Terre!

Pas d'atelier qui se ferme, si *l'amour* en ouvre les portes!

Plus de grille qui se ferme sur un être avili! si *l'amour* détruit toute cause d'avilissement!

Plus de main qui se ferme à la main qui se tend, si *l'amour* ouvre le cœur et de l'un et de l'autre.

Plus d'enfant qui erre seul, sans guide, sans soutien, si pour le recevoir *l'amour* ouvre une porte!

Plus de mère qui pleure, si sa sœur tend les bras pour recevoir son fils!

Plus sous aucun toit les alarmes cruelles qu'un cri de guerre fait naître, si de sa mère l'enfant entend ces mots : « *Tous les hommes sont frères! « tous ont mêmes besoins! Amour et travail!* »

Alors sous le toit de la veuve, de l'infirme, du malade, près de son humble toit, la sœur de charité pourra porter ses tendres soins, car nul au loin ne la réclame, puisque l'amour qui unit les membres d'une famille unit les cœurs de frères que de noms divers l'on nomme, parce qu'une barrière limite leur territoire mais non leurs sentiments !

Toute barrière mise entre deux hommes, deux nations, deux continents, doit tomber sous la *force d'amour* qu'un baiser de mère met au cœur d'un enfant !

C'est à vous, Mères, qui avez en horreur la guerre ! la famine ! la honte ! qu'il appartient de mettre fin à ces fléaux du genre humain ! car ces fléaux naissent de ses erreurs, de ses ignorances ou de ses folles ambitions !

Un baiser sur un front d'enfant ! une parole d'amour, un saint enseignement feront ce que n'ont pu faire les génies militaires ! les hommes de science et de jugement !

Souvenez-vous, ô Mères, qu'en cultivant chez vos enfants les *bonnes pensées*, et en leur enseignant les bienfaits du *travail*, vous détruirez en eux le germe des vices qui enfantent les maux dont on pleure aujourd'hui !

Votre tâche maternelle est *tâche d'amour !* vous la remplirez ! et toutes les causes de haine et toutes les souillures feront place aux doux bonheurs qu'assurent dans la famille le *sentiment du devoir !* l'*amour* et le *travail*.

TABLE DES MATIÈRES

PREMIÈRE PARTIE

DEUXIÈME PARTIE

~~~~~~~~~~~

Lyon. --- *Association Typographique, 12 Rue de la Barre.*

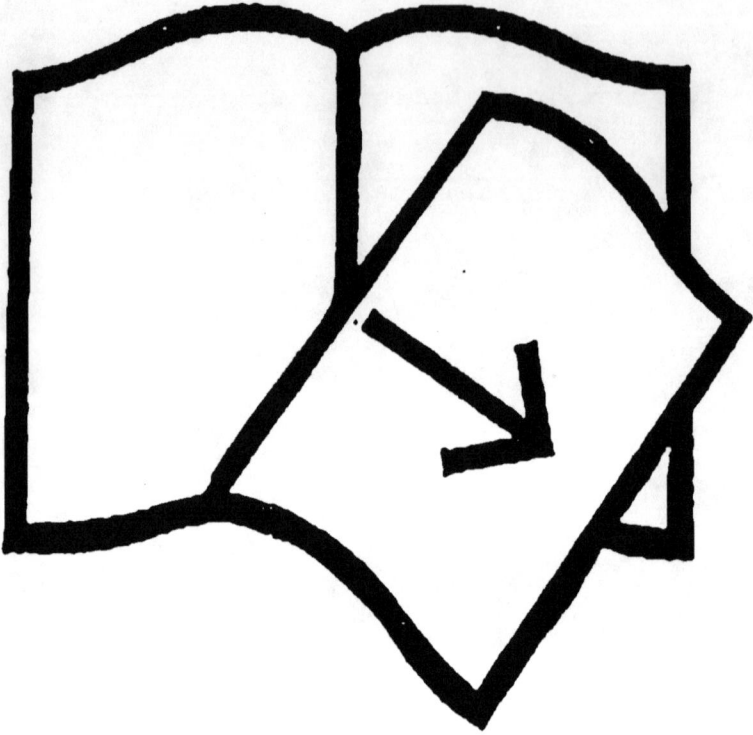

Documents manquants (pages, cahiers...)
NF Z 43-120-13

www.ingramcontent.com/pod-product-compliance
Lightning Source LLC
Chambersburg PA
CBHW052101090426
42739CB00010B/2277